Familles
Inces-tueuses.

© Z4 Editions
ISBN : 978-2-490595-39-6
Couverture : Florence Marthe

Familles Inces-tueuses.

Séverine Mayer.

(Introduction par Pierre Rode.)

L'inceste n'est pas un crime ordinaire commis sur une victime par un seul individu, mais un crime qui prend racine au sein d'une famille et s'en nourrit, asphyxiant la victime qui se retrouve invariablement rejetée.

Décomposé en plusieurs parties, cet ouvrage ouvre des portes vers une compréhension de ce qu'est le phénomène de mémoire traumatique, réactivée à l'occasion d'un ou plusieurs évènements. C'est l'évocation d'une suite de rechutes en enfer. Un questionnement « Mais pourquoi, Maman ? », qui tourne en rond dans la tête, quand on découvre que, finalement, on n'a eu qu'une génitrice, un ventre et que ce ventre nous tient enchaîné au silence, à la souffrance.

Ce livre est une plongée dans la réalité d'une survivante de l'''inceste, un regard sur le quotidien des proches de ces survivants qui à leur tour doivent porter le fardeau d'un crime particulier dont tout le monde aimerait se cacher. C'est aussi un plaidoyer, si l'imprescriptibilité n'est toujours pas actée en France concernant les crimes sexuels sur mineurs, il existe pourtant des faits qui la justifient amplement et mériteraient d'être connus, de chacun.

Cet ouvrage est l'exploration des sentiments torturés de l'auteure, de ses doutes, de ses colères, de ses espoirs aussi. Un voyage vers des contrées obscures pour tenter, finalement, de trouver une douce lumière qui permet de rester en vie.

Introduction

Il faut être froid, rester de marbre, lire. La chaleur viendra du partage, de l'éclairage, de la compréhension. On a envie de parler de chiffres tout de suite pour se mettre à distance. L'estimation du nombre de victimes d'inceste la plus plausible tourne autour de 2 à 3 millions. Estimation très minimaliste lorsqu'on estime aussi que 90% des victimes ne portent pas plainte, et qu'on sait, très rigoureusement cette fois, que 80% des plaintes sont classées sans suite[1]. Mais cette prise de distance replonge le sujet dans notre proximité, notre propre intimité. Quelqu'un dans notre entourage a été victime. Quelqu'un dans notre famille l'a été, l'est, le sera. « Famille », le mot est dit. Il vient s'installer dans le silence qui pèse sur le tabou, le déni de l'inceste, sa pratique. L'inceste ne concerne pas qu'une victime et son bourreau, elle concerne une famille, un conjoint, des frères et sœurs, tantes et oncles, cousins… Famille qui cessant d'être protectrice devient couvercle, rempart du premier silence. Et dans certains cas, collectivement complice.

Je suis né, ai vécu ignorant de l'inceste. Il n'était pour moi qu'un tabou universel ancré dans les mythes, l'une des perversions les plus horribles et les plus rares. Faux. Il m'aura fallu rencontrer *Séverine Mayer* sur d'autres sujets, et lire *La Parole* pour entrer dans ce mythe conjugué au présent, conjugué au sordide, à l'insoutenable, conjugué à la vie d'une bonne part des personnes qui m'entourent. Il fallait l'écrire, *La Parole*, trouver une écriture qui laisse entendre la souffrance sans rien céder à la pudeur ou au voyeurisme, qui donne à comprendre comment le tabou, le déni s'ancrent partout, dans la famille, l'environnement social qui sacrifient, consciemment ou non, la victime et sa souffrance en

---

[1] Source site AIVI : https://aivi.org/vous-informer/inceste-ce-qu-il-faut-savoir/les-chiffres.html

posant le couvercle. Un couvercle de plomb. Que Séverine a eu la force de soulever. Pour elle et tant d'autres.

De lire *La Parole* et en parler m'a donc ouvert comme une nouvelle porte sur le monde dans lequel je vis. La parole des femmes qui m'environnent s'est déclenchée, de certains hommes aussi, pour me parler de violences sexuelles dans l'enfance, de viols, tout ça passé sans plainte... jusqu'à un père incestueux ayant assumé de reconnaître les faits et de plaider coupable devant un tribunal. Un cas rare, un saint au regard du bourreau de *Séverine Mayer*. Et de lire *La Parole* m'a incité à lire celui-ci pour, finalement, en dépit même de ma conscience du « problème », en dépit de mon soutien à sa pétition pour la fin de la prescription des crimes pédophiles, à partir du seul titre de *Familles inces-tueuses*, basculer dans une dimension qu'encore je ne parvenais à percevoir seul bien que, pourtant, si évidente : le rôle, le poids du noyau familial.

Lire les livres de *Séverine Mayer* n'est jamais se confronter à une réalité hideuse d'un glauque insupportable. C'est comme cheminer en montagne, dans des décors douloureux certes, mais traversés, surmontés par la plume qui s'en distancie pour les écrire. Il y a de l'*Odyssée* au moment du passage de *Charybde et Scylla*. Et de l'information, la description des mécaniques en œuvre, une généralisation à déduire. Lire *Familles inces-tueuses*, n'est pas gai, je ne vous ai pas dit ça. Mais si vous avez pris ce livre entre vos mains, c'est parce que vous savez que savoir est toujours un repos, voire une force, voire une arme.

Pierre Rode[2]

---

[2] Parti à la rencontre des sans-abris isolés de Paris, puis des réfugiés de Calais où il a fait la connaissance de Séverine Mayer en 2014, cet "empathique profond", également concepteur-rédacteur, engage son humanité partout où celle-ci est en soi menacée et chaque fois que nécessaire, sa plume.

La rechute.

Je suis une survivante de l'inceste. C'est seulement maintenant que j'ai quarante-sept ans que j'arrive à voir cette réalité en face, avec tout ce qu'elle implique de dégueulasse et de douloureux.

Voilà trois ans que j'ai commencé à glisser dans un gouffre de doutes et de douleur. Plus de deux ans que je cherche comment survivre au constat suivant : ce que je pensais être n'existe pas.

Si depuis plus de quarante-deux ans ma vie a été piétinée par un pédocriminel et sa famille, si depuis environ quinze ans j'ai à peu près compris le crime dont j'ai été victime, je croyais cependant être sortie d'affaire.

En 2013, j'écrivais *La Parole*, un livre analyse-témoignage pour expliquer comment l'enfant que j'ai été est devenue le sex-toy d'un pervers, et comment j'ai dû devenir une adulte malgré tout. A cette époque, je pensais que j'étais libérée d'un poids. J'avais dit l'innommable, j'avais posé des mots sur des années de tortures. J'ai vraiment cru que je pouvais avancer, passer à une autre page de ma vie.

Mais c'était sans compter la perversité d'une génitrice malveillante. C'était oublier que la vie est une pute et qu'elle nous soumet à des épreuves que jamais nous n'aurions imaginées.

En 2015, je douchais ma fille à la veille de ses cinq ans. Ma fille, mon bébé, mon trésor. Quatre ans et demi, presque cinq… Un corps de bébé, une bouille de bébé. Et alors que je croyais être devenue libre, la crasse est venue me frapper en pleine gueule. Des flashbacks, des images, des odeurs, des douleurs. Ses yeux à lui, à cette espèce d'ordure, sa voix… Et là, comme ça, alors que je ne demandais rien à personne, j'ai réalisé en regardant ma fille de presque cinq ans, que moi-même je suis morte à quatre ans et demi, incestuée dans la salle de bain du foyer familial.

J'ai toujours considéré que j'avais été victime de quelque-chose que j'avais du mal à nommer, simplement parce qu'il n'y a pas de mot pour dire « ça ». J'ai considéré pendant vingt-huit ans que j'avais été victime de mon beau-père, ce « papa » forcé, et j'ai voulu considérer que ma mère était seulement une pauvre femme, mère défaillante certes, responsable de ne pas m'avoir secourue, soutenue, vue simplement. Vingt-huit ans à préférer croire que le déni de cette mère-là était dû principalement à sa bêtise et son incapacité à faire face à une situation extrêmement choquante. A quarante-cinq ans, et uniquement parce que mon époux et mon psychiatre m'ont apporté un soutien indéfectible et salvateur, j'ai compris que cette femme n'a jamais été ma « maman », ma génitrice est une femme perverse qui a largement contribué à faire de moi une personne fracassée, meurtrie au plus profond de ses entrailles.

Ma mère m'a trahie. Ma mère m'a abandonnée, ma mère aurait préféré que je me suicide, que je crève de désespoir, plutôt que d'admettre qu'elle a protégé un pédocriminel, un homme qui a torturé son enfant.

Pour comprendre cette réalité, et surtout l'admettre, j'ai dû passer par les pires moments d'une vie. Au point de vouloir la mort.

Des moments de vie, qui, mis bout à bout ont formé une chaîne qui s'est peu à peu resserrée sur moi, autour de mon cou, et qui a failli me tuer. Qui finira peut-être par me tuer.

Des bouts de vie…

Ainsi, en avril 2014, après une chute du quatrième étage, le père de mes fils dont j'étais divorcée depuis onze ans est devenu sans domicile fixe, sa compagne l'ayant mis dehors pour des raisons que je n'ai jamais sues. Il avait mis sa survie sur le compte d'une deuxième chance : celle de se faire pardonner ses erreurs. Il a tout fait pour retrouver l'affection des personnes qu'il avait déçues. Ses fils, évidemment. Et moi, aussi. J'étais devenue sa confidente, sa personne de confiance, malgré la guerre que nous nous étions menée plusieurs années avant. Je me suis sentie soulagée et heureuse quand il a pu sortir de la rue, retrouver un emploi et un logement. Je me disais « enfin, il va pouvoir vivre tranquillement ». Il est mort d'un infarctus le 6 juin 2015. Sa mort a été un choc. Mes enfants ont pris ça de plein fouet. L'ainé s'est effondré. Il est tombé dans une dépression qui a duré plusieurs mois.

Cette mort m'a rappelé la fragilité d'une vie. L'angoisse de mort imminente est revenue, et à chaque instant depuis, j'ai peur qu'il arrive quelque-chose à l'un de mes enfants, à mon mari. J'ai peur de mourir. Je sais que ça peut arriver là, pendant le sommeil, comme ça sans prévenir, sans même qu'on ait eu le temps de finir de vivre. Pourtant je ne suis pas certaine de vouloir vivre.

La mort violente, j'ai recommencé à la redouter après une agression que j'ai subie le 28 juillet 2014. Une tentative d'enlèvement dont je n'ai pris conscience que lorsque j'en ai parlé avec une juriste. Je disais « ils ont essayé de m'agresser ». J'étais contente de moi parce que j'avais réussi à fuir, à repousser cet homme qui me tirait violemment pour me forcer à monter dans la voiture pendant qu'un autre était au volant. Cette juriste d'une association m'a dit « mais tu as été agressée, c'est une tentative d'enlèvement, ils ont essayé de t'embarquer de force ». J'ai réalisé qu'ils auraient pu y arriver, si une autre voiture n'était pas arrivée dans ce sens unique, si un groupe de jeunes exilés n'était pas apparu à quelques dizaines de mètres. Et toutes les nuits j'ai cauchemardé : on me tuait en me coupant la tête. Tous les jours qui ont suivi, je regardais mes hématomes en me disant que lorsqu'ils auraient disparu, alors j'irais mieux. Pendant plusieurs semaines je ne suis sortie de chez moi que pour aller chez le médecin et à l'hôpital. J'ai commencé à devenir agoraphobe, depuis je peine à aller à l'extérieur, je me sens en danger. Les deux hommes qui m'ont agressée faisaient partie d'un groupuscule néo nazi. Ma plainte, envoyée en recommandé au Procureur de la République n'a jamais été instruite, malgré un rapport médico-légal. Deux gendarmes se sont présentés chez moi pour m'auditionner, le lendemain de la mort du père de mes fils. Soit presque 11 mois après. Je n'étais pas en état. Ils m'ont dit que de toute façon ce n'était qu'une formalité. Qu'il n'y aurait pas plus de suite que ça… Pourtant, je suis certaine que j'aurais pu reconnaître mes agresseurs sans problème, j'avais retrouvé l'un d'eux sur un réseau social… Je n'ai jamais revu les gendarmes. Mais j'ai gardé au fond de moi le sentiment d'un abandon total, un constat d'impunité pour certains.

Le temps a passé, et la vie a continué de me ramener vers la mort.

Le quinze décembre 2015, le lendemain des cinq ans de ma fille, j'ai réalisé que celui qui m'avait forcée à une fellation à quatre ans et demi, qui m'a ensuite torturée et violée pendant quatorze années jusqu'à mes dix-huit ans-deux mois-deux jours, cet homme-là n'a jamais eu à répondre de ses actes, parce que toute ma vie j'ai été soumise au chantage affectif, portant seule la responsabilité d'une pseudo tranquillité familiale. J'ai réalisé qu'il est mort (en avril 2014 me semble-t-il), accompagné par ses fils, et ma génitrice, cette mère qui plutôt que de le dénoncer et le faire condamner, a préféré m'éloigner, « pour me protéger ». J'ai réalisé que s'il n'était pas mort, j'aurais eu besoin de porter plainte, mais que le délai de prescription des violences sexuelles sur mineurs m'en aurait empêché. Malgré les séquelles dont je souffre, malgré toutes les conséquences désastreuses que ce crime a eu sur ma vie entière, malgré le fait qu'il n'existe pas pire crime que celui de violer un enfant.

Alors j'ai lancé une pétition en ligne « Pédophilie /délai de prescription : donnons le temps aux victimes d'obtenir justice ». Je voulais lancer un signal d'alerte, et offrir aux autres survivants, à leurs proches, de témoigner également, de montrer que malgré le tabou que sont les violences sexuelles sur les enfants, nous sommes des milliers à vouloir que la Justice nous entende et rende justice. Je voulais aussi que la loi change, pour qu'enfin l'on ne parle plus de « pédophilie », car ces violeurs d'enfants ne sont pas des amis des enfants comme le suggère l'étymologie de ce mot, mais de *pédocriminalité*, d'*inceste*, et que ces actes qui relèvent de la torture et la barbarie soient enfin désignés comme imprescriptibles.

Plus de deux ans et demi à tenir cette pétition à bout de bras, dans un état de détresse profond. Pendant deux ans j'ai reçu des milliers de messages, de témoignages. Des personnes qui ont vécu des actes similaires, d'autres personnes qui partagent la vie d'un(e) survivant(e) et qui cherchaient désespérément une personne capable de les entendre, de les comprendre. Et parce que je me sentais une responsabilité d'écoute en tant que porteuse de cette pétition, j'ai écouté, réconforté, relayé... Alors que tous les jours je me demandais comment tenir le coup jusqu'au lendemain.

Parce que je suis comme ça, ou plutôt c'est ce que l'on a fait de moi : une personne incapable de détourner les yeux, de faire comme si rien n'était arrivé. Incapable de dire « non », incapable de penser à moi d'abord, à ma santé, mon équilibre, ma vie.

Je suis comme ça depuis le jour où mon beau-père a décidé que je devais lui obéir sinon il tuerait ma mère, et mes petits frères. Je suis comme ça parce que, ensuite, quand j'aurais pu enfin être libérée, ma mère a décidé que je devais me taire et ne pas porter plainte sinon « ça va tuer ton grand-père », « pense à tes frères, si leur père va en prison, qu'est-ce qu'ils vont devenir », et puis aussi « et si on me met en prison moi-aussi ? » ... Je suis comme ça parce que plus tard, mes petits frères ont décidé que je ne devais pas parler de ce que j'ai subi, « parce qu'à mon boulot les gens risquent de savoir, imagine ce qu'on va penser de moi », puis « tu ne dois pas salir notre nom de famille », et encore « pense à tes neveux, ils n'ont rien demandé à personne et tu vas leur infliger ça alors qu'ils aiment leur grand-père » ... Je suis comme ça parce que les personnes que j'aimais le plus ont abusé de ma confiance, de mon amour et de ma souffrance. Ils m'ont dressée à être toujours coupable de tous leurs maux.

J'ai quarante-sept ans, et je ne sais pas si un jour j'ai vécu pour moi. Je ne sais pas qui je suis. Parce que toute ma vie j'ai été contrainte de porter le poids de responsabilités qui n'étaient pas les miennes. Parce que je suis une petite fille assassinée à quatre ans et demi dans cette salle de bain à côté d'un tas de linge sale. Parce que je suis comme un puzzle jeté en vrac dans un placard sombre et la boite est déchirée, le modèle a disparu… Je ne sais pas comment retrouver les morceaux de moi pour reconstruire la femme que je devrais être.

Parce que je suis une survivante du crime le plus odieux que l'on puisse commettre contre un enfant.

« Mais pourquoi, maman ? »

Pour que ce que je vais expliquer ensuite soit clair, je dois retracer mon parcours. Je n'ai pas trouvé mieux que le faire en m'adressant à ma mère. C'est l'histoire d'une vie ratée, d'un combat perpétuel pour survivre. Parce que personne ne m'a donné la vie, je l'ai arraché au ventre d'une femme qui ne voulait pas de moi et qui a passé ma vie à me le rappeler.

J'étais ta fille. Et finalement, toute mon enfance, ça me suffisait. C'est finalement la seule certitude que j'avais, mon seul pilier. Et parce que j'étais ta fille, j'avais des petits frères. Une famille.

Peu m'importait alors tout ce que j'avais souffert dans ma chair, peu m'importait toute cette solitude à être différente, à n'être qu'une blessure. Tu étais ma mère, mon repère.

Je sais bien que tu ne l'as pas fait exprès. Tu t'es retrouvée enceinte comme on choppe un virus. Être enceinte, forcément, à dix-neuf ans, en 1971, c'était pas ton projet de vie. Je sais bien. Je me doute comme tu as dû déchanter quand ta romance est devenue une contrainte : se marier, assumer des responsabilités. Et accoucher. Et perdre ton amoureux, celui que tu prenais pour ton prince charmant. Ton premier amour, ton grand amour me disais-tu. Elever seule une petite fille, c'était pas ton choix. Je sais. C'était difficile, des contraintes, de la fatigue… Concilier le boulot, la nourrice, le manque d'un amour, et un bébé avec des besoins.

Pourtant, voilà. Je suis née. Et contre toute attente, je suis toujours en vie. Pourtant tu t'es donné du mal, un mal de chien, un mal de garce, un mal monstrueux, pour que le désespoir me détruise, pour que je crève de douleur. Mais je suis là. Et si je continue comme ça, il se peut même que je te survive.

Tu savais, Maman ? Maman, avoue que tu savais… Tu savais que ton nouveau mec était une saloperie de pervers, tu savais qu'il me faisait du mal. Tu as su Maman… Je sais, aujourd'hui que tu n'as pas pu ne rien voir. Je sais même que tu es une femme perverse, qui a ruiné ma vie de choix opportunistes en désaveux, de mensonges en coups au cœur.

Je suis Maman, moi-aussi. Alors maintenant, et pour toujours, je sais que tu savais, Maman.

Tu te rends compte de ce que tu as laissé faire ? Ton enfant, ton bébé, ta seule fille… Il a violé cette enfant, des milliers de fois. Tu te rends compte, quatorze années ! C'est long pour une môme, quatorze années de tortures, de manque, de silence, de solitude. A dix-huit ans deux mois et deux jours, il m'a violée pour la dernière fois. Je m'en souviens comme si c'était là, à l'instant. Parce que je me souviens, de tout. De tout le pire… Depuis cette première fois dans la salle de bain, à côté d'un tas de linge sale, quand j'avais quatre ans. Quatre ans. Comment je peux être aussi certaine que j'avais quatre ans ? Parce que ton ventre n'était pas encore rond, et celui que tu me forçais à appeler « papa » ne parlait pas encore de mettre le bébé, mon petit frère né en octobre 1976, à la poubelle si je ne faisais pas tout ce qu'il me disait de faire. Il se contentait de me menacer de te dire à quel point j'étais une vilaine petite fille, et me rappelait comme j'étais seule, sans lui. Plus de père, plus de grands-parents. Plus personne ne voulait de moi, disait-il. Et toi non plus, tu ne voulais pas de moi selon lui. D'ailleurs, c'est pour ça que je passais tant de temps avec lui… Tu vois, je crois que s'il m'a menti sur tout, il n'avait pas tort te concernant : tu ne voulais pas de moi. Tu n'as jamais voulu de moi. Et je comprends ça aujourd'hui seulement, après tout ce temps. J'ai quarante-sept ans Maman, et pendant quarante-six ans, tu m'as fait payer d'être née. Tu m'as fait payer le fait que mon père ne t'aimait pas et qu'il n'a pas supporté longtemps la vie commune avec toi.

Tu as donc fermé les yeux sur les quatorze années de tortures que j'ai subies, ignoré que j'étais ton enfant et que ton enfant a été violée, mutilée d'elle-même. Tu as préféré que ce soit moi qui parte du domicile familial, tu es restée avec *lui*, avec mes petits frères. Et tu as continué à partager la table et le lit de cet homme-là, cette ordure innommable, alors même que tu te plaignais de sa violence, de son alcoolisme, de sa grossièreté. Tu aurais pu et dû m'emmener à l'hôpital, chez la police. Tu aurais dû prendre nos affaires et rouler vers le Nord avec tes trois enfants, nous mettre tous à l'abri chez tes parents et tout faire pour que tes enfants, tous tes enfants, soient en sécurité. Tu as choisi la pire solution. Dire à mes frères de treize et neuf ans « votre père a violé votre sœur ». Je me souviens, c'était à l'heure du midi, tu te tenais debout à ma gauche. J'ai lu dans les yeux de mes frères à la fois l'incompréhension et la peur, la colère et la tristesse. Je revois leurs visages. Tout est flou, à part la lumière dans la pièce, le soleil qui passait au travers de la vitre, ce jour de janvier 1990. Tu as choisi la violence, la plus abjecte, pour révéler à des enfants une chose qu'ils n'étaient pas en mesure de comprendre, d'analyser, de digérer. Quelle mère digne de ce nom choisit la violence psychologique pour tenir ses enfants en otage d'une situation dont ils ne devraient pas être responsables ?

Ce jour-là, tu as installé dans nos vies un engrenage destructeur, en pensant à toi. En me rendant responsable de l'avenir de tous et de chacun : c'était à moi, donc, d'assumer la peur de mes frères, la sauvegarde des apparences vis-à-vis d'une famille qui vivait à mille kilomètres de là, le fait de ne pas faire emprisonner le père de mes petits frères, le fait de devoir me taire pour que (selon toi), mon grand-père ne meure pas d'une crise cardiaque en apprenant « ça », le qu'en dira-t-on des voisins, … Avec vingt-neuf ans de recul, je me rends compte que pas une seule fois tu n'as parlé de ce qui était bien pour moi, pour ma santé, mon avenir. Tu as décidé que je gèrerai ça, seule.

Et j'ai fait de mon mieux Maman… Je te jure, j'ai essayé de ne jamais m'écrouler. Mais j'avais mal, Maman, et j'étais seule.

Je passerai sur la difficulté que représente le fait de devoir subvenir toute seule à mes besoins. Non chère mère, un paquet de nouilles une fois de temps en temps ça ne permet pas de survivre. Je suis donc devenue dépendante du bon vouloir d'autres personnes, qui malgré leurs travers m'ont aidée à avoir un toit, une assiette à table. Que sais-tu de ces personnes ? Rien. En fait. J'avais un copain, *c'est pour ça* que je serais partie. C'est ce que tu as prétendu, tu as dit ça à tout le monde, ce qui te permet aujourd'hui de prétendre que tu ne m'as pas mise dehors. Selon toi donc, je suis partie parce que je le voulais bien, parce que j'avais un petit-ami. Non Maman, et tu le sais : je devenais folle, de douleur, et j'étais sur le point de tuer ton mari, et de me foutre en l'air, pour que tout s'arrête. J'avais besoin de toi, j'avais besoin d'une mère qui me prenne dans ses bras et me protège, me mette à l'abri. Tu m'as mise dehors, tu es restée dans cet appartement miteux, aux murs rafistolés de plâtre pour cacher les trous dans le placo, les coups de poing de ton mari laissaient des traces indélébiles. Sa crasse aussi, tu l'as choisie à moi. C'est toi qui as fait ce choix. Pas moi.

Oui c'est vrai, j'ai été une jeune femme insupportable. Dans la lignée de cette adolescente complexée, solitaire, en souffrance qui vivait dans la violence et le mensonge, qui devait accepter sans broncher d'être violée quasiment quotidiennement de peur que tu ne prennes un énième coup de poing au visage. De peur qu'il vous tue mes frères et toi. Il avait tué mon chien, je savais qu'il était capable de tuer. Parce que quand on est capable de retirer la vie à un animal, de sang-froid et avec tant de cruauté, on est sans doute capable de tuer un môme. Je le croyais, et en fait, il m'arrive de le croire encore. C'est vrai, je n'appelais plus au secours depuis longtemps, je ne pleurais même plus, j'attendais. Puis je me lavais, et je me relavais, encore. Tu te souviens, tu me reprochais de passer trop de temps dans la salle de bain. Je me serais arraché la peau si ça avait pu retirer son odeur, sa sueur… Une sale gosse, je t'en ai créé des soucis hein… A vouloir me suicider, à ne pas aller à l'école. A faire des malaises, des « crises » … Du cinéma tout ça, pas vrai. ? Je devais seulement avoir envie de t'emmerder. Une sale gosse. A problèmes. Du coup j'avais dû la mériter cette « correction », quand après avoir fugué je suis revenue en espérant de toutes mes forces que ta conscience et ton amour te pousseraient à chercher : chercher à me comprendre, chercher à me protéger. Mais tu l'as laissé me tabasser. Et une fois que je n'étais plus capable de tenir assise, tu as fini par lâcher « bon, bah c'est bon, elle a compris ». Quelle compassion pour ton enfant, Maman !

Jamais tu ne t'es demandé pourquoi j'étais devenue cette gosse-là ? C'était pas important, au fond, de savoir ce qu'il m'arrivait. Le seul truc qui a toujours compté pour toi, c'est d'avoir la paix. C'est de faire semblant d'être une femme respectable et respectée. Mais je sais tout de toi, maintenant, et s'il y a bien un mot qui ne te va pas c'est « respectable ».

Alors non, je n'ai pas été très stable. Comment aurais-je pu l'être ? Quel exemple m'as-tu donné ? La stabilité c'était d'accepter la crasse, les insultes, les coups, les dettes, pour pouvoir dire « j'ai un mari » ? C'est tout ce que tu m'as appris : accepter le pire pour exister.

Tu n'as pas idée du dégoût que tu m'as inspiré, de la pitié que j'avais pour toi. Pourtant, je t'aimais. Oui, je t'aimais.

Mais tu vois, ma première préoccupation, une fois sortie de ce quotidien là, c'était de survivre. Et toute mon enfance, je n'ai fait que ça : survivre. Alors quand d'autres deviennent adultes et commencent à vivre « leur vie », moi je survivais. Au dégoût, à la colère, à l'incompréhension.

Je le sentais dans mes tripes que cette situation était aberrante, malsaine, aliénante. Je le savais que ce n'était pas normal que tu restes avec lui, que tu me laisses me débrouiller, que tu te soucies aussi peu de ma santé physique et mentale. Je le sentais que ça finirait mal… Mais je voulais croire en toi. Et toi, tu m'as dit que je ne devais pas porter plainte, pour que mes frères n'aient pas un père en prison, pour que l'on ne dise pas de saletés sur toi, pour que tes parents ne sachent pas « ça ». Tu m'as dit que tu ne pouvais pas te retrouver seule avec mes petits frères, comment aurais-tu fait pour le loyer, les factures. C'est lui qui avait un salaire. Un métier. Pour payer ce taudis de HLM des quartiers nord de Marseille. Il ne fallait pas briser l'équilibre précaire. Est-ce qu'avec le recul tu te rends compte de l'horreur de ton raisonnement d'alors ? Je n'en suis même pas sûre. Tes actes depuis quelques mois prouvent le contraire. Prouvent que justement, ton problème c'est la conscience. Ou plutôt ton absence de conscience.

Non, je ne voulais pas te ressembler. C'est pour ça que j'ai essayé de gagner ma vie. Que je n'ai pas pu rester avec quelqu'un que je n'aimais pas. Que je n'ai pas pensé que le seul truc primordial dans la vie c'est d'avoir un mari sur papier et l'apparence d'une vie. Je voulais vivre. Vivre, Maman, est-ce que tu sauras un jour ce que c'est ? Tu deviens vieille, et tu partages ta vie avec un troisième mari dont tu dis « je ne sais pas pourquoi je l'ai épousé » … Tu passes à côté de ce qui compte le plus dans la vie et que tu ne connaitras plus jamais : aimer. Et je suis la preuve que tu ne sais même pas aimer ton enfant. Tes enfants. Tes petits-enfants. Tu peux faire des simagrées pour leur donner le change, mais entre nous, tu as proféré assez de saloperies sur mes frères, leurs compagnes et même tes petits-fils pour qu'il soit clair que tu ne les aimes pas plus que tu ne m'aimes. Ta vie, je l'ai toujours trouvée moche, pathétique, insipide. Inutile.

Vivre. Si tu pouvais imaginer à quel point ça me tenait à cœur. Être en vie.

Alors je faisais les choses qui me donnaient le sentiment d'être en vie. Et ça faisait mal. Parce que quand on n'a été mal élevé, qu'on n'a comme seuls repères la violence, les insultes, la douleur, l'alcool, forcément, on fait des conneries. J'ai merdé Maman. C'est vrai. Je n'ai pas su garder un boulot sans partir en vrille. J'ai bu plus que de raison. J'ai baisé juste pour pas être seule. J'ai eu ce que l'on appelle « des conduites à risques ». Mais qu'as-tu vu ? Toi qui te contentais du fait que je porte de jolies fringues, et que je t'offre des fleurs toutes les semaines, que j'offre de jolis cadeaux à mes petits frères et que je t'aide quand tu étais à découvert : finalement, que sais-tu de la jeune femme que j'ai été ? Rien. J'étais une fille « pratique », qui prenait ses petits-frères chez elle pendant les vacances, les rhabillait, payait les fournitures scolaires... Pratique aussi quand ton fils chéri est sorti de prison après que tu l'as eu laissé faire conneries sur conneries parce que ça t'arrangeait qu'il ramène chez toi le fruit de ses larcins : chaines hifi, jambons, bijoux... C'est moi qui ai été traitée de connasse quand j'ai osé dire que tout ça n'était pas net et certainement dangereux. J'étais pratique aussi, quand ce fils chéri devenu toxico a eu besoin d'un endroit pour changer d'air, se désintoxiquer, et se rhabiller, et profiter du peu d'argent qu'il y avait dans mon couple d'alors.

D'ailleurs, est-ce que ça m'arrangeait de subvenir à vos besoins ? Non.

Mais ça n'était pas ton problème, ton problème c'était que je me taise. Et tu as maintenu la pression. A chaque fois que j'allais mal, tu évoquais ton mal-être à toi, tes difficultés. Aussi ignores-tu la vie que j'ai menée, les drames auxquels j'ai survécu. Les gens que j'ai aimés. Ceux qui m'ont fait du mal. Les rêves que j'avais. Parler de toi, de ta douleur de femme battue, de ta douleur de mère dont l'enfant a été violée par ton mari. C'est de ça qu'il était question, toujours. Et de mon père. Tu t'es appliquée à peindre de lui un tableau à la fois bien sombre, mais assez attirant pour me pousser à le chercher, à vouloir le rencontrer, à vouloir qu'il m'aime. Tu vois, j'ai si longtemps cru que tu étais sincère, et que tu n'étais qu'une femme au cœur brisé qui malgré tout aurait aimé que sa fille rencontre son père ; et qu'elle puisse passer du temps avec lui. Je sais, désormais, que je me suis trompée, toute ma vie. La seule chose qui t'a animée, c'est la jalousie et la rancœur. Maladivement, à en tomber dans une perversion abjecte.

« Il faut que tu dises à ton père ce que tu as subi. » C'est toi, qui a voulu que je lui parle de moi, mais aussi de toi. Tu voulais qu'il sache, le mal que ton mari avait fait. Pas pour qu'il me vienne en aide, pas pour qu'il me comprenne, pas pour qu'il m'aime comme j'étais avec mes blessures. Non. Tu voulais le blesser, le forcer à se culpabiliser, dans l'idée que rien de tout ça ne serait arrivé s'il était resté vivre avec toi. Toi. Pas toi et moi. Toi. Toujours toi. Tu m'as utilisée pour l'atteindre, de la manière la plus aliénante qui soit. Et encore une fois, ça ne t'intéressait pas de savoir ce que je ressentais, comment je vivrais le fait de devoir dire à mon père que je n'étais qu'un amas de chair tellement violé que tout en moi était douleur. Que je ne vivais que dans l'apparence pour ne pas mourir de honte. Tu t'en foutais hein, Maman, que ça me tue un peu plus ? Tu as arrangé cette « entrevue », et habilement, tu t'es débrouillée pour ne plus être là quand je lui ai raconté les détails. Quand il est venu te trouver ensuite pour te demander si ce que j'avais dit était vrai, tu as haussé les épaules et levé les yeux au ciel. Tu lui as laissé entendre que j'exagérais, parce que je n'étais qu'une menteuse, qui avait besoin d'attirer l'attention. Une menteuse. Comme mon père ? C'est ce que tu m'as répété un milliard de fois, que mon père était un menteur. Et alors c'était toi la victime dans tout ça, victime de mon père, ensuite du père de mes frères, puis de moi. Pauvre de toi… Pauvre garce. Tu as bien réussi ton coup, je n'ai pu vraiment découvrir mon père qu'en décembre 2017, après que j'aie réussi à couper les ponts avec tes fils et toi.

Pendant des années j'ai voulu te croire toi. Envers et contre tous, j'excusais tes excès, tes insultes, tes mensonges, tes manigances. Jusqu'à ce jour de 2012, où je t'ai confié que ma santé se dégradait, et que c'était la conséquence de toutes les violences que j'ai subies. Au lieu de me dire un truc du genre « ne t'en fais pas, tout ira bien, et puis je suis là, je vais te soutenir », toi tu as préféré dire « mais c'est n'importe quoi, ils se trompent tes médecins ! », ça aurait pu me rassurer. Mais tu as ajouté que ce que j'ai vécu n'est « pas aussi grave que ça », et que « ça n'a pas pu arriver aussi souvent ». Et puis tu as plongé dans un discours putassier dans lequel de toute façon je suis une menteuse, et tu l'as lancé « je ne suis responsable de rien, tu n'avais qu'à parler ! ». Responsable de rien, ce rien qui selon toi n'est pas arrivé aussi souvent.

Dans ton immonde posture, tu ne te rends pas compte que tes mots sont ceux d'une personne coupable qui cherche à minimiser. C'est vrai, il vaut mieux minimiser, il vaut mieux que tu ne te regardes pas en face… Tu y verrais ceci : aucune mère digne de ce nom ne supporterait que son enfant soit violé ne serait-ce qu'une seule fois, donc tu n'es pas une mère. Aucune mère digne de ce nom oserait prétendre qu'elle n'est pas responsable de ce qui arrive à son enfant. Au contraire, une mère, un parent, se sent responsable de tout ce qui arrive à son enfant. Même et surtout du pire. Parce qu'être parent c'est ça : devenir responsable de la vie d'une personne en devenir. Tu vois, Maman, être une mère ne se résume pas à torcher, nourrir et blanchir. Ça, n'importe qui peut le faire, et sans doute bien mieux que toi.

Alors je t'ai écrit, c'était peu après l'anniversaire de mon fils ainé, fin novembre 2012. Je venais de raccrocher le téléphone, et je t'aurais étranglée de mes mains si tu avais été en face de moi. Pour te faire taire. Et donc dans cette lettre de plusieurs pages, je t'ai dit tout ce que j'avais à te dire à ce moment précis. Et j'ai décidé de te sortir de ma vie. J'ai écrit mon livre *La Parole*, pour témoigner, pour analyser, pour me libérer. Et j'y étais arrivée ! Bordel, j'étais libre, et je crois que jamais de ma vie je ne me suis sentie aussi légère. Je pouvais me consacrer à mes enfants. Je me suis tournée vers d'autres douleurs, pas les miennes. J'ai milité pour les doits d'êtres humains, en m'estimant heureuse d'être née dans un pays où un individu a des droits, des libertés. Des devoirs aussi.

J'avais un devoir, moral, vis-à-vis de mes enfants : ne pas les priver d'une relation avec leur famille, donc avec toi. Parce que je me souviens bien le manque que j'ai vécu moi-même. Je n'ai jamais pu, à cause de toi, rencontrer ma grand-mère paternelle. Parce que tu as décidé que puisque mon père ne t'aimait plus, personne dans sa famille n'avait plus le doit de m'aimer. Toute mon enfance, j'ai subi le manque de mon père, celui d'une famille proche, puisque ton nouveau mari de l'époque et toi avez tout fait pour que les liens avec tes parents s'étiolent. Trop de choses à cacher. Alors tu vois, je ne voulais pas faire vivre ça à mes enfants. Mes fils devant déjà subir l'absence de leur père malade et le mépris de leurs grands-parents paternels pour qui ils n'étaient « que » mes enfants à moi. Un jour, ton fils, le plus jeune de mes demi-frères m'a dit que tu allais mal. Et que tu avais lu mon livre, que tu avais compris des choses. Et lui aussi d'ailleurs. Même si avec neuf ans de moins que moi, ses souvenirs étaient forcément différents. Je l'aimais mon petit frère, et ça me faisait vraiment de la peine de le sentir triste et déchiré. Alors quand il m'a dit que je devrais t'écrire pour te laisser une chance, je l'ai fait. Ça n'a pas été facile, et je crois qu'au fond de moi je savais que ça serait un échec de plus. J'ai dû discuter longuement avec mes fils qui n'avaient pas vraiment envie que tu reviennes dans notre vie. Notamment le plus jeune, à qui tu as fait du mal, à qui tu as dit que sa mère était une garce, une femme méchante, une femme qui, selon toi, l'avait abandonné. Tu lui as dit qu'il était odieux. Il avait quatorze ans, et il a fait une pelade, à cause du stress, du choc que tu as délibérément provoqué. Mais ensemble, on a décidé de faire un effort et de t'accorder le bénéfice du doute.

Je n'en avais pas conscience alors : tu es loin de manquer de ressources quand il s'agit de faire du mal. Alors tu es venue, presque deux heures de route. Je me suis dit que pour faire près de quatre heures de route aller-retour, tu devais être motivée. Je prenais ça pour un bon signe. Nous avons parlé, pendant trois heures je crois, peut-être plus. Et tu m'as fait croire que tu étais désolée, et que tu voulais passer du temps avec moi, avec mes enfants. Au fond de moi, il y avait toujours cette môme qui adorait sa maman, et qui tentait de la voir comme une femme digne et innocente. Malgré les doutes qui ne m'ont jamais lâchée, malgré ton attitude égoïste toujours, malgré ton dernier mari infect qui te tire vers le bas. J'ai essayé de me convaincre que finalement, tu avais eu la dignité de te remettre en question et de tenter de réparer ce que tu avais abimé, volontairement ou pas. Je disais « au moins, elle a le mérite d'avoir enfin reconnu les faits, de tenter de les assumer, et de me soutenir ». Illusions. Tout ça n'était qu'illusions…

La distance géographique t'a sans doute aidée à maintenir ta toile bien tendue, à endormir tout le monde, en mentant continuellement. Et l'on aurait pu passer à côté si je n'avais pas été aussi torturée par le retour de la dépression, des crises de dissociation, des idées suicidaires.

Fin décembre 2016, j'étais victime de très violentes crises de dissociations, avec déréalisation et dépersonnalisation. Je revivais les viols que j'ai subis quand j'étais môme, je le voyais *lui*, sortir du mur, et me couvrir de chair putride, je confondais le passé et le présent, je prenais ma fille pour moi, j'ai aussi confondu mon mari avec *lui*… J'étais en enfer, Maman. Et comme j'étais en enfer, il me semblait légitime de tuer le corps qui me contraignait à être physiquement dans ce monde. Je voulais mourir. La seule chose qui m'arrêtait, c'était le regard de mes enfants, de mon mari, désemparés. Eux seuls me maintenaient en vie, me ramenaient à la réalité, loin de *lui*, loin de cet appartement maudit où je suis morte. Loin de cette époque où je n'étais rien que la poupée morte d'un criminel.

Alors, parce que je n'en pouvais plus, parce que je voulais faire en sorte d'aller mieux, et de soulager mes mômes et mon mari, j'ai demandé à être hospitalisée en psychiatrie. Parce que je devenais folle.

Nous avons programmé ce séjour volontaire avec mon psychiatre, et tu as proposé de venir t'occuper de ma fille pendant que je serai absente. Ta petite-fille chérie. Tu voulais me soutenir disais-tu, tu me le devais disais-tu, et qui d'autre mieux que toi pouvait apporter ce soutien à sa fille, avec le plaisir de t'occuper de ton unique petite-fille… Ton discours idéal, maman. J'y ai cru, et j'avoue que ça m'a fait du bien, d'imaginer que ma mère était devenue une mère et une grand-mère.

L'hospitalisation n'a pas été une réussite. Quand je suis arrivée là-dedans, j'ai cru être tombée dans « Vol au-dessus d'un nid de coucou ». Et je me suis dit que si je ressemblais aux autres « malades », alors il fallait que je me foute en l'air. On m'a donné des calmants. J'ai passé la journée sur mon lit, dans un demi coma. Et quand mon mari m'a appelée pour savoir si tout allait bien, il a compris que c'était mal parti. Fin d'après-midi, vous êtes venus, mon second fils, ma fille, mon mari et toi, et vous avez demandé que je sorte de là. Tu y étais, tu sais ce qu'il s'est passé, tu sais que c'est mon mari qui a demandé à voir le psychiatre et qu'après un entretien avec lui, je suis sortie de là. Tu étais dans le bureau, avec nous… C'était une mauvaise appréciation de mon psychiatre de me faire hospitaliser à cet endroit. Il y travaillait en dehors de son cabinet, et naturellement, il préférait que je sois là pour pouvoir me suivre. Donc ce séjour a duré une journée, qui m'a semblé durer une éternité. Mais c'est vrai, je suis sortie le soir. Et tu es restée à la maison, avec nous, pour que je puisse me reposer, prendre mon traitement qui me faisait dormir 18 heures par jour et baver sur le canapé comme un légume. Tu as vu des crises de dissociation, et tu as pleuré. Je me souviens que dans mes moments de conscience, tu pleurais en me disant « je suis désolée », « si j'avais su », « j'aurais dû aller voir la police », « je t'aime ». « Ma fille, ma fifille chérie » …

Mais entre deux, et devant mon mari comme mon fils, tu t'épanchais sur ton mariage ennuyeux, « on ne fait jamais rien ensemble, il est égoïste, c'est un vieux con ». Tu étais prête à le quitter, tu disais lui avoir donné un ultimatum, « un déménagement ailleurs que dans sa vieille maison pourrie, sinon » …

Tu te plaignais aussi de tes fils. Le premier parce que sa compagne était sur le point d'accoucher et que tu ne voulais surtout pas y aller avant la naissance du bébé, de peur de devoir t'occuper des quatre plus grands, « infernaux » disais-tu d'eux. Et puis l'autre, qui ne vivait pas si loin de chez toi mais qui n'avait jamais le temps de venir te voir alors qu'il passait du temps avec sa belle-famille…

Ton malheur, Maman, encore et toujours, des enfants indignes de toi, profiteurs à coup sûr. Un mari aussi aimant que la statue d'un inspecteur du fisc.

Et puis… Mon père, ce grand absent. La cause de toutes tes misères. Combien de fois m'as-tu demandé si j'avais de ses nouvelles, pour simplement pouvoir ensuite l'accabler de tous nos maux, et me culpabiliser de l'avoir pardonné de son absence durant des années. Me culpabiliser. Encore, toujours, me désigner responsable de ta douleur. Parce que j'osais aimer ce père, malgré tout ce que tu m'avais raconté de lui…J'étais dans une dépression majeure, en souffrance, en manque, et toi, tu ne trouvais rien de mieux que me répéter que je n'avais jamais été assez bien pour mon père…

Tu es repartie, au bout de deux semaines. Quand chacun a estimé que j'allais un peu mieux. C'est-à-dire quand j'ai trouvé la force de faire semblant de tenir debout. Avant de partir, tu nous as offert une voiture d'occasion, deux-mille-neuf-cents euros. Parce que la nôtre était en panne. Les frais de réparation étaient trop importants, comme j'étais en arrêt maladie depuis des mois, tu as proposé de nous aider, en disant que ça ne te mettait pas en difficulté. Mon mari voulait mettre la carte grise à ton nom. Mais tu as dit « non, tu la mets à ton nom ! Je n'ai jamais rien fait pour vous, même à votre mariage, je vous dois bien ça » … Et à moi, tu m'as dit : « ma fifille, tu sais je me souviens que quand j'étais au RMI tu faisais beaucoup pour m'aider, et puis aider tes frères. Si je pouvais plus, je le ferais. Je te dois bien ça. Même si ça ne réparera jamais rien, je sais bien que ça effacera rien de tout ce que tu as vécu, mais si ça t'enlève un problème, c'est bien ». Des paroles de mère ! J'y ai cru ! Une mère quoi… Pas parce que tu payais. Mais parce que tu cherchais à me soulager, tu reconnaissais le poids qui m'écrasait. Et tu reconnaissais aussi que, avant ça, tu n'avais jamais rien fait pour ma famille et moi. Une reconnaissance, ça faisait du bien.

Et puis tu as dû partir, parce que ton mari te harcelait, selon tes dires, parce qu'il était incapable de s'occuper de lui tout seul… « Ce vieil égoïste, toujours à se plaindre de ses bobos alors qu'il va mieux que moi » : tes mots.

Quelques mois plus tard et après avoir pris du recul vis-à-vis de toi en constatant avec quelle facilité tu retournais ta veste, concernant ton mari. Tu as osé me demander ce qui me prenait, à moi, de m'indigner du fait que cet homme clame publiquement sa haine envers les exilés, haine qui l'a déjà poussé à dire qu'il faudrait « leur tirer dessus quand ils sont sur les bateaux pour qu'ils ne mettent jamais le pied chez nous ». Oui, je trouve ça abject qu'un homme de son âge, ancien représentant des forces de l'ordre ose faire preuve d'un tel déni des droits de l'Homme, un tel déni d'humanité, oubliant les valeurs de la République Française : liberté, égalité, fraternité. Notamment en estimant normal de priver d'eau des femmes enceintes et des enfants en plein été. Mais je suis une sale « bobo de gauche » pour lui, parce que j'ai osé prendre la parole pour défendre les droits fondamentaux des êtres humains. Tous les êtres humains. En connaissance de cause, en sachant ce qu'est la douleur, la peur, l'humiliation, le désespoir, l'espoir, la solitude, la faim, le froid, l'état d'esclave… Tout ça, je le reconnaissais dans les yeux de ceux que les gens appellent des « migrants ». Mais quand je voyais un enfant « migrant », je ne voyais qu'un enfant. Faut-il que j'oublie ma conscience au point de nier celle des autres ? Est-ce que parce que j'ai mal, je dois ignorer que d'autres vont plus mal encore ? Non. Mais toi, Maman, c'est ce que tu fais depuis toujours. Parce que ton ex-mari te battait, tu estimes que ce qu'il m'a fait subir est moins important, moins grave. Parce que tu as eu mal, tu préfères ignorer ma douleur. Parce que tu te fous de ton prochain, tu penses que je devrais en faire de même. Alors que tu avais répété comme les idées de ton actuel mari te dégoutaient, que tu n'étais pas d'accord avec lui, lorsque tu étais chez nous, je me suis demandé comment tu pouvais tout à coup dire l'exact inverse… Comme ça, tranquille.

Je ne suis pas toi. Heureusement, et c'est ce qui me permet de garder la tête haute, de rester debout, digne, malgré toute la merde dont tu m'as recouverte depuis ma naissance pour m'asphyxier. Malgré tout l'art et la perversité dont tu as fait usage pour me museler, je m'exprime encore, je respire encore.

Il fallait m'achever. Au fond, cette pétition que j'ai lancée, le fait de me raconter publiquement pour lutter contre un déni de justice et soutenir les victimes et les survivant(e)s de demain, ça vous a semblé trop pour votre confort à tes fils et toi. Pourtant, étrangement, tu avais signé cette pétition, tu l'avais partagée sur le réseau Facebook. Mais tout à coup, nouveau changement d'attitude et de discours. Alors tu as sans doute encore menti auprès de tes fils, fait ta pleureuse, tu t'es mise dans le rôle de la mère outragée. Il faut dire que tu as bien œuvré, durant des années, pour qu'ils ne me croient jamais, pour qu'ils préfèrent minimiser, parce que dire « je suis le fils d'un pédocriminel et je l'ai protégé pour vivre peinard » : c'est certain, ce n'est pas très glorieux. Donc c'est quand j'ai voulu adresser mes vœux de bonheur à mon petit frère qui allait se marier, que tu as enfin donné le coup de grâce, qui aurait pu me tuer si je n'avais pas eu la chance d'aller un peu mieux que la dernière fois que tu m'as vue.

Mon frère et moi n'étions pas souvent en contact mais, pour autant, je croyais qu'il était quand même mon frère. Peu importaient les différents que nous avions eus, je croyais que quelque-part, à mille bornes de chez moi, j'avais encore un petit frère. Je n'étais pas invitée à son mariage. Le dernier échange que nous avions eu, la dernière fois que je l'avais appelé, il m'avait dit qu'il se mariait fin septembre. C'était début 2017. Les mois ont passé. Et en arrivant fin septembre, j'ai pensé à lui. Et je lui ai envoyé un message, pour lui dire que je comprenais que je ne sois pas la bienvenue à son mariage, mais que je lui souhaitais d'être heureux.

Il m'a répondu avec une haine et un mépris incroyables. Parce que toi, maman, tu lui as raconté que je disais du mal de sa fiancée. Voilà, le coup parfait. Le coup fatal que tu avais préparé depuis longtemps. M'éliminer définitivement de la vie de mes frères. C'est vrai, sous cachetons, droguée jusqu'à la moëlle contre les douleurs physiques et la dépression, j'aurais utilisé mon peu de moments de lucidité pour dire du mal de mes frères, de leurs compagnes. C'est gros, mais ça passe, tranquille. Parce que ça fait des années que tu entretiens auprès de chacun l'idée que je suis une sous-merde qui veut du mal à ta famille, à tes fils, à toi. Habilement, tu as instauré un mépris de ce que je suis, de mes enfants, de mon mari, et même de mes amis. Si l'on en croit ce que tu dis de moi, et que tes fils prennent pour acquis : je suis le génie du mal et je lave le cerveau de mes proches, ceux qui sont mes amis sont forcément des crétins envoutés par mes boniments, et je me suis confiée la mission de faire du mal à mes pauvres petits frères et à toi. En fait, tu m'attribues toutes tes saloperies, et comme tu sais t'y prendre, ça marche à merveille. C'est peut-être simplement parce que tes fils, ton mari et toi êtes de sinistres ordures égocentriques prêtes à tout pour ne pas assumer ceci : vous avez protégé un violeur d'enfant. Avec un gros soupçon de lâcheté pour certains.

Ton art, je l'ai compris en lisant les mots de la compagne de mon autre frère. Elle m'accuse d'avoir fait semblant de me faire hospitaliser pour t'empêcher d'assister à la naissance de son fils, t'obligeant par là à traverser la France seule dans ta petite voiture, à ton âge… Et puis il parait que je dis du mal de mes neveux… C'est vrai, j'ose dire que mes neveux ont souffert d'un manque d'éducation, ils n'ont pas appris le « non ». Et les responsables sont leurs parents. Il se peut qu'ils aient changé depuis, mais tout le monde, toi en tête, s'accordait à dire que les avoir dans une même pièce tous les quatre relevait du défi, et promettait des dégâts matériels. J'avais oublié que dans une famille, on flatte, on cache, on ment. Dans ta famille en tout cas. Donc, selon toi, j'ai monté de toute pièce une fausse hospitalisation pour t'obliger à ne pas t'occuper de mes neveux que je déteste tant que je dis du mal d'eux, et comme je suis un monstre, je ne voulais pas que tu voies naître ton dernier petit-fils… Et puis cerise sur le gâteau, désormais tu prétends avoir été attirée dans un piège tendu par mon mari qui aurait « chouiné » au téléphone un « ta fille a besoin de toi », dans le seul but de t'extorquer de l'argent pour une voiture… Une sacrée promotion pour mon mari qui est passé du crétin lobotomisé par mon génie à celui qui organise, pense pour moi, agit dans l'ombre… Tiens… On dirait que je parle de ton mari actuel, celui qui rédige *tes lettres*. Tu prends donc ton cas pour une généralité ?

Une fois que tu as eu fini de me mutiler de cette partie de famille en putréfaction depuis longtemps, tu as pris plaisir à clamer ta dernière version de moi : je n'ai pas été violée, je le voulais. Et puis j'avais au moins dix-sept ans. Et puis je suis si méchante que tout ce qui m'anime c'est de te faire souffrir. Pauvre de toi… Tu es même allée jusqu'à laisser un commentaire sur mon blog, pour dire que tu aurais voulu que je me sois suicidée il y a longtemps. Existe-t-il au monde une femme dont l'âme est plus sale, plus indigne, plus méprisable que la tienne ? Quelle femme souhaite la mort de son enfant ? Quelle femme pousse sa fille au suicide ? Toi.

Pourquoi, Maman, m'as-tu jetée en pâture ? Pourquoi, Maman, souhaites-tu ma mort à ce point ?

Parce que tu es perverse. Et c'est ce drame là qui finalement, est le pire de mon existence.

Parce que les quatorze années de tortures et d'inceste ont tué une partie de moi, et ça c'est celui que j'étais forcée d'appeler « papa » qui en est coupable, et six pieds sous terre, il est décomposé et réduit à l'état de matière insignifiante, des déjections d'insectes… Je lui souhaite une éternité d'enfer, et je me dis que si un dieu existe, alors la justice divine aussi, et ce fumier doit souffrir mille morts à l'instant où j'écris ceci. Et c'est bien. C'est bien qu'il soit mort, qu'il ait souffert, tout ça c'est bien. Ce ne sera jamais assez. Je crois que rien ni personne ne pourrait me rendre justice, je dois vivre avec le fait de l'avoir laissé vivre en liberté, je dois vivre avec l'idée que je ne suis pas la seule victime ni la dernière, et dois porter seule un fardeau abject, qui est celui du souvenir, qui ne s'efface pas, qui devient plus précis, à mesure que ma fille grandit. Ma propre fille, mon petit miracle, mon trésor, me renvoie à l'abject de ce que cet homme a fait à la petite fille que j'étais. Alors, l'enfer que je vis, rien ni personne ne peut l'imiter pour condamner un homme mort depuis quatre ans, aux funérailles duquel tu as assisté, avec ses fils. Des fils, mes demi-frères qui estiment qu'il a assez payé pour ce qu'il a fait. Payé ? Jamais. Rien. Alors mille enfers pour lui. Et la seule bonne nouvelle, c'est qu'avec le temps, j'oublie son visage... Il était coupable, il était un violeur d'enfants.

Mais toi... Tu as continué dans l'horreur. Tu as continué à me pousser au suicide. Et tu y es presque arrivée le 6 avril 2018. J'ai pensé à me pendre. J'ai ressenti cette douleur, cette déchirure dans mon ventre qui n'arrêtait pas de saigner, comme si tu m'avais réellement éventrée, pour retirer la cicatrice de ce lien ombilical qui prouvait que j'avais eu une mère. J'ai pensé à me pendre, parce que je voulais que tu arrêtes de me faire du mal.

Maman... Pourquoi t'es-tu mise à me harceler par tous les moyens possibles, à m'injurier, à vouloir salir ma vie et briser mon mariage en te mettant à publier des photos de mon sourire de môme de dix ans sur le mur Facebook de mon meilleur ami ? Pour tenter de démontrer que puisque j'avais souri alors je n'avais pas été victime comme je le dis ? Pourquoi maman, t'es-tu répandue en abjections en inventant de toutes pièces des histoires sordides pour me faire passer pour une mauvaise mère, une femme « sale », une personne pas fréquentable... Parce que Maman, tu n'es pas une mère. Tu n'es pas ma mère. Un harcèlement moral infernal : réseaux sociaux, mails à mon mari et à moi, courriers postaux adressés sur le lieu de travail de mon mari, à mon domicile. Le tout en me nommant, en me diffamant, alors que j'ai toujours protégé ton nom, celui de mes frères... De mes neveux, et même de ton mari actuel. Alors que je t'ai bloquée sur ces réseaux sociaux, tu t'es arrangée pour me diffamer directement sur les murs de mes amis en me nommant et en affirmant que je suis LA menteuse, et que donc, mes amis sont « loin, très loin de la vérité »… Ils et elles me connaissent, et savent qui de nous deux ment. Tu as écrit à mon mari, sur son lieu de travail pour me traîner dans la boue et au passage l'insulter. Il partage ma vie depuis treize ans, il gère mon pilulier, les rendez-vous chez les médecins, et tu crois pouvoir lui faire croire que je fais semblant ? Non, tu sais que tu n'y arriveras pas. Mais tu savais surtout que cette manœuvre m'atteindrait, me descendrait.

Tu as failli me tuer, toi, Maman. Tu as tout fait pour me garder en prison, enchaînée à tes mensonges, à ta perfidie. Tu as abusé de mon amour, de ma confiance, de mes terreurs. Tu as abusé de ma vie, et tu m'as poussée à devenir monstrueuse : je te jure, maman, que si je te croise un jour, je te tuerai de mes propres mains. Je ne rêve que de ça, t'ôter la lumière, te plonger dans un état de stupeur infini, te retirer le droit de vivre parce que je ne le supporte plus. J'ai demandé à mon mari de ne jamais me faire confiance, si un jour je prétends que je t'ai pardonnée et que je veux te voir. Il ne faut pas que je te voie, plus jamais. Même sur ton lit de mort. Jamais. Même si tu étais morte, je ne pourrais m'empêcher de frapper ton visage, celui que je chérissais quand j'étais petite. Même ta tombe je la détruirais si je devais me trouver devant. J'aimerais qu'il ne reste rien de toi, pas même moi. Et les ressemblances physiques que j'ai avec toi me donnent la nausée, parfois, j'ai envie de mutiler mon propre visage pour ne plus te voir.

Tu as réussi, Maman. Je suis devenue folle.

Le pire, c'est qu'au fond de moi, je sais que si tu te trouvais en face de moi, c'est dans mon cœur que je planterais un couteau, parce que si je suis folle, je ne suis pas, je ne serai jamais le monstre que tu es.

La moitié qui restait à faire.

J'avais des frères. Ou plutôt, des demi-frères, ce que l'un d'eux a tenu à me rappeler plusieurs fois pour me signifier que, finalement, je n'étais rien.

Il faut du temps pour réaliser qu'on a que l'on est « qu'une moitié » de sœur, une moitié de personne. Quelle moitié manquait-il ?

Pour eux, c'était sans doute une histoire de liquide séminal, de racines génétiques, de nom de famille…

J'étais la demi-sœur, on avait partagé le même ventre, mais on n'était pas issus des testicules du même « homme ». Et ça comptait bien plus pour eux que ce que je pensais.

Pour moi, ça ne comptait pas. Je les ai aimés mes petits frères, comme on peut aimer ses propres enfants, parce qu'alors qu'ils n'étaient pas encore nés, je m'inquiétais déjà de leur santé, de leur sécurité, de leur avenir. La première fois que je les ai regardés dans les yeux, je me suis sentie responsable de plus que ma propre existence. Il fallait les protéger.

Mais une enfant, une enfant torturée, ne peut en réalité protéger personne et ce n'est pas son rôle.

J'ai cru les protéger, depuis toujours, depuis que l'on m'a annoncé les grossesses de ma « mère », je me suis sentie le devoir de les protéger. Du monstre qui les menaçait déjà de mort pour mieux me contraindre à ses tortures, et au silence. Je vivais dans la peur que l'enfer se penche sur ces petites bouilles magnifiques, sur mes trésors, mes petits frères, à moi.

Les protéger, ça voulait dire me taire. Puis ça voulait dire ne pas les abandonner. Alors quand leur mère a préféré que ce soit moi qui parte pour les protéger de la honte d'avoir un père en prison, je me suis exécutée. Mais ils ont pensé que je les abandonnais. Ils m'ont rendue responsable de tous les maux qui ont suivi dans leurs vies. Tous. Même la toxicomanie du plus vieux et ses dérapages judiciaires.

Un jour, quand j'ai discuté avec le plus jeune, il m'a dit « tu n'étais pas là, tu ne sais pas comme c'était dur ». Non, je n'étais pas là, à ce moment-là. Moment qui a duré environ trois ans, ou quatre. Et pendant lequel j'ai veillé sur eux de loin, en participant financièrement, en faisant des pieds et des mains pour que « maman » divorce et cesse de vivre avec ce monstre qui continuait à boire, la frapper et même frapper le plus vieux de mes petits frères. Mais ça, ils ne s'en souviennent pas, parce qu'en fait ils étaient jeunes et que de toute façon j'ai compris que leur sainte mère leur a caché beaucoup de choses. Je n'étais pas là… Mais je pourrais dire qu'ils n'étaient pas là eux, notamment le plus jeune, les premières années de ma vie où leur père a commencé à me torturer, me violer, me façonner comme une poupée de chiffon dressée à faire et dire ce qu'il avait décidé.

Alors ils croient savoir. Ce que leur mère a dit. Ce que leur père a dit.

Ce que je dis est toujours soumis à décortication, et à comparaison avec ce que leur mère a dit. Même si elle a changé de versions une multitude de fois. Je suis celle qui ment, qui exagère, parce que : « papa avait des problèmes, c'est vrai il était violent, et c'était dur pour maman, mais quand même, il ne pouvait pas être le monstre que tu dis, c'est pas possible »…

Pas possible.

Pourtant, j'ai quarante-sept ans, avec à mon actif des années de thérapie, des examens, des soins, des constats… Je n'ai pas menti. La médecine, l'administration reconnaissent que je suis invalide à cause de l'ensemble de ce que j'ai subi : traumatismes psychologiques et physiques.

Toutefois, j'ai réussi, en un peu plus d'un an, à comprendre que, quels que soient les éléments concrets que je pourrais leur fournir, les explications détaillées, les témoignages d'autres victimes de leur père : ils ne me croiraient pas. Parce que je ne suis que leur demi-sœur. Rien.

Si je les ai aimés de toutes mes forces, cet amour a toujours été à sens unique.

Je me suis demandé ce qui avait manqué entre nous… Il y a quelques mois, j'ai réentendu cette chanson d'une comédie musicale, et cette phrase « L'amour sera toujours cette moitié de nous qui reste à faire, mon frère »… J'en ai pleuré. J'ai compris.

La moitié qui manque, en réalité, ce n'est pas un nom. C'est l'amour. Mes petits frères aimaient leur père, un criminel monstrueux, ils lui ont pardonné. Ils aiment leur mère tout en sachant plus ou moins qu'elle est méchante, manipulatrice et opportuniste, ils la protègeront toujours.

Ils ne m'aiment pas, je ne suis rien, je n'étais qu'un problème, celle par qui le drame est arrivé. Selon eux.

Ils n'ont eu aucun mal à m'éjecter de leur vie, à agir comme s'ils n'avaient jamais eu de sœur. Une sœur qui s'est occupée d'eux, plus que la raison l'aurait voulu.

Ils étaient mes frères, je ne les voyais pas comme des « moitiés de ».

Je comprends ce concept d'autant plus que j'ai une sœur. La fille de mon père, avec qui je n'ai pas grandi. Elle ne dit jamais « demi-sœur ». Elle m'appelle « ma sœur, mon phénix ». Avec elle, pas de doute, cette jeune femme brillante et bienveillante m'aime, me soutient, me comprend, m'explique, me raconte.

Ma sœur, cette merveille a pris le temps d'apprendre à me connaître, à me savoir. Elle fait partie de ma vie, elle m'a permis de rencontrer mon père, pas seulement physiquement, mais humainement.

L'amour, c'est cette douleur sournoise, déchirante, parce que lorsqu'on aime au point d'accepter mille morts, on se sent écrasé sous une tonne de lave au moment où l'on s'aperçoit de la haine qui est la réponse à cet amour.

L'amour, c'est aussi cette surprise, ce pansement, ce baiser sur le front malade lorsqu'il arrive d'une personne dont l'on pensait que justement, elle n'avait aucune raison de nous aimer.

J'ai décidé de ne plus laisser la déchirure l'emporter. J'ai renoncé à mes frères, ils étaient devenus le symptôme d'une maladie, le couteau dans la plaie qui s'enfonce un peu plus à chaque respiration.

Pour mes frères, j'avais accepté d'être montrée du doigt, de passer pour la malade, la menteuse, j'avais accepté de ne pas envoyer mon bourreau en prison, j'avais accepté de faire avec une mère qui me faisait souffrir. Parce que mes frères n'ont jamais voulu m'entendre, me soutenir, me voir comme leur sœur et pas comme une moitié de personne, j'ai vécu des années de contrainte, de solitude, de déceptions, d'espoirs vains, de colère, de tristesse infinie.

Ils étaient, inconsciemment, des piliers de cette famille incestueuse, ils ont gardé dressés autour de moi des murs infranchissables, et m'ont bâillonnée, pour préserver leur confort, les apparences de leur vie « convenable » sans jamais se soucier de tout ce que j'ai enduré, ce que j'endure et qui me reste à endurer.

J'ai renoncé à mes frères. J'ai eu des demi-frères. Ils n'existent plus désormais.

Je me souviens de deux petits garçons, leur sourire, leurs éclats de rire… Je ne connais pas les hommes qu'ils sont devenus, je n'ai désormais plus envie de les connaître. Ils sont morts dans mon cœur, dans mon esprit.

La moitié qui restait à faire était la plus difficile, pour eux. On n'aime pas une moitié de personne qui ne représente que la honte, la douleur, la tragédie, l'horreur. On n'aime pas une personne qui nous rappelle que l'on est le fils d'une ordure qui a violé une enfant, une demi-sœur. On n'aime pas celle qui ose parler, qui ose dire ce que tout le monde refuse même d'imaginer.

Alors on éloigne cette moitié de rien, on l'oublie, et l'on se rassure en tentant de se convaincre que tout cette histoire n'est que mensonge ou exagération.

Exagération, parce que ces demi-frères, ces hommes qui s'imaginent respectables, sont capables de pardonner à leur père d'avoir violé leur moitié de sœur. Selon eux, ce n'était pas grave que je le dis selon eux, j'ai exagéré, selon eux : leur père (qui n'a donc jamais été inquiété et a vécu aux crochets de la société), ce père donc, a assez payé…

Quand je pense à ça, mon seul réflexe est de vomir.

Survivre, c'est savoir.

Quand on a survécu à quelque-chose ou à quelqu'un, on n'a pas la possibilité d'oublier. D'ignorer. Parce que survivre à quelque-chose, c'est savoir que cette chose existe, et redouter qu'elle arrive encore.

Je sais avec certitude que ma fille ne craint rien de son père, de ses frères, ou de nos proches. Je sais aussi que mon mari et moi éduquons notre fille afin qu'elle ne doute jamais du fait qu'elle a le droit de dire « non », et que personne, pas même nous, n'avons le droit de l'obliger à faire quelque-chose qui lui fait du mal, qui lui fait peur, ou qu'elle ne comprend pas.

Je me répète pour me rassurer que ma fille ne sera jamais la victime de personne.

Malheureusement, j'ai subi tant de douleurs, été confrontée à tant de violences que je sais qu'en réalité personne n'est jamais à l'abri.

Je suis terrifiée à l'idée que ma fille puisse un jour croiser le chemin d'un monstre, qui pourrait détruire sa vie. Ce sentiment est conforté régulièrement par l'actualité. Chaque fois que je lis ou entends qu'un enfant a été agressé, violé, assassiné, je vois défiler des scènes insupportables, souvent des souvenirs, dans lesquels c'est ma fille qui est à ma place.

C'est une peur qui ne me lâche pas. Je dois faire des efforts considérables pour confier ma fille, y compris à l'école, parce que j'ai appris une chose : les gens ne sont pas forcément ce qu'ils semblent être.

Mon beau-père pouvait passer pour un bon père de famille à l'extérieur, et même pour quelqu'un d'humain. Mais chez nous, c'était un homme violent, ordurier, alcoolique, sale. Un homme que n'importe quelle personne de bon sens aurait condamné, sans même avoir besoin de savoir tout ce qu'il me faisait subir.

D'ailleurs, les gens qui le fréquentaient finissaient toujours par lui tourner le dos, le fuir, le rayer de leurs vies. Mais c'était toujours après coup. Je suis témoin que pour certains enfants, c'était trop tard, et leurs parents n'ont sans doute jamais rien su de ce qui est arrivé, avec moi comme appât…

Donc je vis dans la peur. Et je m'attends toujours à découvrir que quelqu'un que j'apprécie cache quelque-chose de grave.

Après la sortie de mon premier livre, des amis, et parfois des contacts de réseaux sociaux m'ont avoué avoir également été victimes d'agressions sexuelles durant leur enfance. J'ai été sidérée de m'apercevoir que nous étions nombreux, trop nombreux. Et que donc, comme aucun de ces faits n'avait fait l'objet de plainte ou de dénonciation, il y avait au moins autant d'agresseurs potentiels en liberté, parfois pas loin de chez moi.

Puis, c'est avec la pétition que me sont parvenus des témoignages, par centaines. Certains évoquaient des attouchements, d'autres des viols ponctuels, d'autres encore relataient un parcours similaire au mien. J'ai écouté, lu des choses que personne ne devrait jamais avoir à subir, à dire, à crier. Le seul constat que j'ai pu faire, en réalité, c'est que la quasi-totalité des victimes se taisent, ne portent pas plainte, parce que la famille, la société exercent une pression telle que nous sommes pris en otages dans le meilleur des cas, désignés comme responsables dans le pire et plus courant.

Pourtant, aucune des personnes qui m'a apporté son témoignage ne m'a dit « finalement, je voulais », personne ne m'a dit qu'à un moment il y avait eu un consentement quelconque, et encore moins une volonté.

Les agressions sexuelles, même celles qui sont qualifiées de minimes par certains, parce que sans pénétration il n'y aurait a priori pas viol, laissent des traumatismes qui perdurent au fil des ans. Des traumatismes qui se nourrissent du déni des autres, de l'obligation de taire des choses que l'on a envie de hurler comme un ultime moyen d'en être libéré.

Très souvent, l'on m'a dit que je devais laisser tout ça derrière, ne plus en parler, oublier. Comme si cela dépendait de moi… je ne dois ma survie qu'au fait d'avoir parlé, de m'être racontée, d'avoir témoigné. En trouvant une écoute attentive, en rendant mon expérience utile, j'ai trouvé le moyen de rendre les flashbacks supportables.

Je ne maîtrise pas mes souvenirs. Ainsi, le huit janvier 2018, j'ai revécu le dernier viol de celui que j'ai été obligée d'appeler « papa » pendant quatorze années. J'étais convoquée par le médecin conseil qui devait se prononcer sur mon invalidité. Un évènement presque ordinaire qui a déclenché un retour de mémoire traumatique. J'ai toujours su que j'ai subi des viols jusqu'après le premier janvier 1990. Mais la période restait floue, le jour, les circonstances. Je me revoyais dans la voiture avec ma mère, qui me conduisait dans mon nouveau chez moi. Je me souvenais du sentiment de soulagement autant que de doutes, je me souvenais de la peur. Mais pendant vingt-huit ans, le souvenir de cette dernière fois restait flou. La veille du huit janvier 2018, j'ai réalisé que le huit janvier 1990 était un lundi, et que je m'étais retrouvée seule avec lui, et que j'avais juré de le tuer. J'avais dix-huit ans, deux mois et deux jours. J'ai revécu ce viol en boucle dans ma tête, au point d'en avoir mal physiquement…J'ai même eu un saignement gynécologique, pas des règles, du sang. Des cauchemars se sont de nouveau installés, et moins de trois semaines plus tard, je faisais une crise de dissociation en haut d'un escalier, j'ai mis cinq semaines à pouvoir marcher sans canne, sept semaines à pouvoir réutiliser mon bras droit. Un an après, j'en subis encore différentes séquelles pour lesquelles je suis toujours sous traitement : cette chute aurait pu me tuer, la mémoire traumatique et la crise de dissociation auraient pu me tuer.

Je crois que toutes les victimes, toutes les personnes qui ont survécu et souffrent de flashbacks et de dissociation connaissent ce phénomène à plus ou moins grande échelle.

Il faut des années de thérapie pour s'en débarrasser. Mais même lorsque l'on est persuadé d'en être sorti, comme c'était mon cas en 2013, on n'est pas à l'abri d'accidents de vie, ou de situations qui font ressurgir ce que l'on a mis un temps fou à enfouir le plus profondément possible. C'est exactement ce que je vis depuis plusieurs années, insidieusement au début, de sorte que je n'ai pas compris tout de suite que j'étais redevenue dépressive.

Survivre à quelqu'un c'est aussi connaître le pire de cette personne. J'ai eu quatorze ans pour n'avoir aucun doute sur le fait que celui qui m'a incestuée était sadique, pervers, et bien conscient de me faire du mal. Toutes les années qui ont suivi m'ont démontré que cet homme n'a jamais regretté, n'a jamais demandé pardon, n'a jamais cherché à se racheter, et surtout, n'a jamais dit la vérité. Pire, il a fait en sorte de donner sa version, dans laquelle j'étais demandeuse, donc coupable d'avoir abusé de sa « faiblesse ». Cette version est celle que ses fils ont préféré retenir. Il est plus facile de renier une garce de demi-sœur qu'un père dont on porte le nom, surtout s'il s'agit de dire que l'on est le fils d'un criminel. Ses fils, qui d'ailleurs ont choisi d'oublier le jour où leur père s'est traîné par terre et a pleuré sur mes chaussures avec des « pardonne-moi ma petite fille, je suis qu'une merde, je suis un monstre, je sais que je t'ai fait du mal, je te demande pardon… » Quelques jours après, son discours avait changé, il avait la pitié de ses fils, alors il m'a appelée pour me traiter de sale petite pute, il m'a ordonné de revenir. J'ai refusé. Mais j'avais peur. Heureusement, je vivais chez un jeune homme courageux, peut-être plus inconscient que courageux d'ailleurs, mais qui a su me rassurer : il ne laisserait personne me forcer à repartir « là-dedans ».

Et le temps a passé, sans que ce violeur d'enfants ne soit jamais inquiété, parce que ma génitrice et ses fils ont choisi de minimiser ce qui m'est arrivé pour ne pas trop avoir à se remettre en question.

J'ai donc appris aussi que la justice pour les victimes commence dans la reconnaissance, et qu'elle vient rarement, voir jamais, des proches lorsqu'il s'agit d'inceste. Je sais donc que le seul moyen d'obtenir une reconnaissance est de passer par la Justice. Et que c'est également le seul moyen de mettre hors d'état de nuire des criminels calculateurs, pervers et sadiques, qui puisqu'ils ne sont pas inquiétés n'ont pas de raison d'arrêter d'agresser des enfants. Une femme m'a écrit pour me dire que sa fille avait été victime du même homme qu'elle, et avant elle sa propre mère : un grand-père qui a donc abusé de sa fille, sa petite-fille et son arrière-petite-fille. C'est seulement lorsque cette dernière victime a révélé les choses à sa mère que tous les faits ont été révélés. Révélés, mais pas jugés, car l'homme était trop vieux, et les autres membres de la famille estimaient qu'il ne fallait pas porter plainte contre un vieillard, parce que ça ne servait à rien de remuer la merde alors qu'il allait mourir. Trois générations, un seul pédocriminel. Combien de familles comptent parmi elles un tel individu sans le savoir, ou en le protégeant ?

Je suis donc persuadée que pas loin de chez moi, il y a forcément un individu susceptible d'agresser un enfant. Je suis par conséquent persuadée qu'il y a au moins une victime dans l'école de ma fille, que je croise tous les jours sans que personne ne sache ce qu'il ou elle endure. Je suis persuadée que j'ai croisé plusieurs enfants dans les établissements scolaires où je travaillais qui ont subi mille outrages, mille violences. Parce que les chiffres parlent d'eux-mêmes : un enfant sur cinq est victime, en France, d'agression sexuelle et/ou d'inceste.

Alors sachant ça, dois-je me taire ?

Plus horrible que tout. En avril 2018, alors que je subissais un insupportable harcèlement de ma génitrice, trois membres de ce qui fut ma famille m'ont contactée, elles avaient toutes des révélations à faire. L'une avait vu les publications monstrueuses de ma mère à mon sujet, dans lesquelles elle disait notamment « si elle n'a pas porté plainte, c'est qu'il n'y avait pas de quoi porter plainte ». Ma génitrice avait réalisé un montage de photos avec notamment celle de la couverture de mon livre *La Parole*, pour montrer que je souriais quand j'étais enfant : une preuve selon elle que donc, je n'avais pas été victime… Elle a envoyé mails sur mails à mon époux, racontant les pires insanités pour qu'il pense qu'il ne connaît pas la femme avec qui il vit depuis maintenant treize ans. Elle lui a envoyé des courriers postaux

56

sur son lieu de travail. J'ai failli craquer. Je n'en pouvais plus. Dans une crise de dissociation, je me suis tailladé la main avec un cutter. Deux jours après, j'étais à deux doigts de me pendre. J'ai pensé à ma fille à l'étage de la maison. J'ai respiré un grand coup, j'avais envie de hurler. Alors j'ai envoyé un message vidéo sur *Facebook* pour dire ce que je subissais. Ce geste m'a sauvé la vie, m'a libéré d'un poids. Donc le harcèlement que me faisaient subir ma génitrice et son mari ont été perçus par plusieurs membres de cette famille... Et alors, deux des personnes qui m'ont contactée l'on fait pour me prévenir de la raison pour laquelle ma génitrice, dans un énième acte de manipulation tentait de faire disparaître ma parole, me discréditer totalement : l'un des jeunes adultes de la famille a pu être victime du pédocriminel qui a ruiné mon enfance, et ce jeune adulte aurait violé un enfant de dix ans, de la famille de sa meilleure amie...

Et la voilà, l'horreur absolue, quand on a survécu : n'avoir jamais été cru, entendu, reconnu... Et voir se reproduire le même schéma abject : ma génitrice, plutôt que de penser à la santé et l'avenir des mômes concernés semble avoir conseillé à tout le monde de considérer que ce n'est pas grave, que rien de grave ne s'est passé, que c'était un jeu entre enfants (sept ans de différence, un enfant de dix ans « consentant » ?) ... « Une expérience sexuelle », avec un enfant de dix ans ?

La monstruosité n'a pas de limite. Cette famille aurait dû immédiatement chercher à s'assurer que tous les enfants en contact avec D (celui qui a violé quatorze années de ma vie) n'avaient pas été victimes, et allaient tous bien. Et surtout ne pas convaincre un jeune agresseur de pas même dix-huit ans que son geste est anodin. Pourtant, tout le monde y a pensé : il a sans doute agi comme ça parce qu'il a été victime de D, qui lui était proche. Mais tout le monde a préféré continuer à faire comme si mon vécu n'existe pas, comme si ça ne vaut pas la peine de s'assurer que ce môme de bientôt dix-huit ans a dit la vérité quand il a dit n'avoir jamais rien subi lui-même. Car comment aurait-il pu avoir envie de dire la vérité ? Dans cette famille, la seule qui a dénoncé le pédocriminel, c'est moi. Et ça m'a valu d'être rejetée de la famille, d'être traitée de menteuse... On a dit les pires horreurs sur moi, parce que j'ai osé dénoncer le fait que j'ai été incestuée. Alors comment ce môme pourrait-il ne pas penser que c'est ce qui l'attend s'il ose dire les choses lui aussi ? Sachant que le D en question était adulé par ses fils, passait pour être un pauvre homme victime de mes mensonges ! Comment ce môme aurait-il pu croire qu'il aurait autre chose que la honte à porter ? Alors, même s'il a quelque-chose à dire, cette famille n'est pas prête à l'entendre, et la preuve c'est l'acharnement avec lequel ma génitrice a tenté de me réduire au silence. Et puis, ce môme est peut-être victime d'amnésie traumatique, raison pour laquelle il dit ne rien avoir subi. Mais pour s'en assurer, il faudrait commencer par prendre les choses au sérieux...

Donc, pas de prise en charge pour ce jeune homme qui a sans doute été victime d'agression sexuelle.

Et quand bien même il n'aurait pas été victime, autre horreur, et pas des moindres : sachant que dans la famille, un pédocriminel notoire a été protégé, et jamais inquiété pour les viols qu'il m'a fait subir, si ce jeune homme est seulement un pervers pédocriminel, il a dû penser que lui non plus ne serait pas inquiété par la justice… Ce jeune homme de presque dix-huit ans a des petits frères, tout devrait être fait pour s'assurer qu'il ne leur est rien arrivé.

Mais si je suis une menteuse : il ne m'est jamais rien arrivé. Si on fait en sorte qu'aucune des victimes ne puissent s'exprimer, en minimisant les faits et en continuant de considérer que D était presque un homme parfait, alors personne ne dira jamais rien. Parce qu'une famille incestueuse est une famille où le bien-être et la santé des victimes ne passent pas en premier. C'est la tranquillité des coupables, avec la complicité de ceux qui veulent que leur nom reste propre qui passe avant toute autre chose. On a dit de D qu'il avait « assez payé son *erreur* », que c'était un excellent grand-père… Il a été accompagné dans la mort par ses fils et ma génitrice… Un pédocriminel, donc, peut vivre tranquille, être porté aux nues, et pleuré à chaudes larmes par ceux qui savent parfaitement ce qu'il a fait mais qui, par soucis de confort, préfèrent pousser la victime au suicide. Quel exemple… Quelle formidable enseignement apporté à des enfants…

Alors… Dois-je me taire pour satisfaire les exigences d'une femme perverse qui m'a manipulée pendant toute ma vie et qui désormais manipule tout son entourage jusqu'à minimiser une agression récente, pour laquelle il y a eu une plainte et dans laquelle est impliqué un môme qui lui est proche ? Et pour les autres enfants de la famille… Quelle considération ? Une femme qui n'a d'intérêt que pour elle et qui achète l'affection des gens, ou les apitoie, mais qui jamais, pas une seule fois dans sa vie n'a été honnête avec personne… Dois-je me taire pour ces demi-frères qui ont choisi de m'éliminer de leur vie parce que j'ose dire que leur père était un pédocriminel et qui aujourd'hui choisissent de détourner les yeux d'un nouveau drame en considérant que ce n'est pas si grave, que ça n'a pas de rapport, que, finalement, tout va bien ?

Sachant tout ça ? Dois-je me taire ? Comment pourrais-je arrêter de lutter ?

Lutter. Combattre. Militer.
Pour ne pas devenir folle.

Entre l'écriture de *La Parole* et le début de ma dernière dépression qui dure depuis 2015, il s'est passé deux ans.

A la veille de la publication de mon livre, je m'étais engagée de tout mon être dans la défense d'enfants et de femmes exilés qui survivaient dans les squats et camps de Calais.

La première raison, c'est que cette situation me semblait humainement intolérable, et j'ai découvert une douleur intense, dans les regards de ces personnes de qui l'on niait l'humanité, le droit au minimum vital.

C'est de cette humanité qu'il est question. Quelle qu'en soit la manière, l'être humain sait développer des trésors d'intelligence et de perversion lorsqu'il s'agit de nier l'humanité d'autrui. On a nié mon humanité lorsque j'étais une enfant, et que l'on m'a transformée en jouet sexuel pour un adulte pervers. On a nié mon humanité quand on a décidé de nier ma douleur. On a nié mon humanité quand on a décidé que c'était à moi de me taire. Quand on a décidé que c'est moi qui devais avoir honte. Quand on a décidé que la barbarie dont j'ai été victime n'était pas « si grave ». Quand on a décidé que, finalement, j'étais responsable de ce que j'ai vécu. Quand enfin, on a décrété que je n'étais qu'une menteuse.

Alors ce déni d'humanité, je crois que c'est bien la pire chose au monde que l'on puisse faire à un être humain, car dans ce déni, alors on s'imagine être en droit de tout lui faire subir, même le pire.

Alors j'ai lutté. Milité. Pour que, simplement, l'on reconnaisse aux exilés que ce sont avant tout des êtres humains dont il est un devoir universel d'assurer la protection, la dignité, par des actes simples : une réponse aux besoins fondamentaux que sont le fait de boire, de manger, de se laver, d'avoir un abri et un accès aux soins.

Quand je dis *exilés*, je ne me suis jamais posé la question de savoir quels exilés, d'où, de pourquoi. Un exilé est une personne qui subi un déracinement, une perte de repères, une solitude, une peur… C'est une personne qui chute vers l'inconnu parce que sa situation est si douloureuse que ne pas réagir, ne pas fuir, c'est accepter de mourir.

J'estime non pas avoir milité pour « des migrants », mais pour des personnes plongées dans une douleur profonde, la peur du lendemain. Et d'ailleurs, je n'ai jamais demandé leurs papiers aux personnes que depuis toujours je soutiens par un sourire, une pièce, un sandwich, un abri ou une parole. Je n'ai jamais non plus pris en considération le genre de ces personnes. Ni même l'âge. Bien que je doive avouer pouvoir devenir farouche lorsqu'il s'agit de prendre la défense d'un enfant.

J'ai milité pour des personnes en errance, nées à l'étranger au mauvais endroit, ou parfois nées en France. Militer, c'est le moyen que j'ai trouvé pour rendre utile ma connaissance des pires sentiments, des pires maux, des pires douleurs, des pires peurs.

Alors en décembre 2015, quand j'ai lancé ma pétition, je n'ai pas cherché à savoir s'il y avait plus de filles ou de garçons victimes, si les agresseurs étaient plus des hommes que des femmes, si j'avais plus ou moins souffert que d'autres. Ce que je savais, c'est que des milliers d'enfants sont victimes de tortures sexuelles chaque année en France. Et ce simple fait me hérisse encore le poil, parce que nous sommes à une époque où il est inconcevable que l'on puisse encore dire « je ne savais pas ». Parce que nous sommes la nation qui fut le berceau de la Déclaration Universelle des Droits de l'Homme et du Citoyen. Et que dans cette nation, on nie aux enfants le droit d'être des enfants. On refuse aux victimes le droit de prendre le temps de réclamer justice. On nie même aux victimes le fait de l'être en supposant qu'elles l'ont forcément un peu cherché, qu'elles étaient forcément un peu consentantes.

Dans notre pays des Lumières, on plonge les enfants dans l'obscurité, et l'on considère que la douleur des survivants est moins importante que la tranquillité de pédocriminels quasiment toujours récidivistes.

Quel pays, quelle société peut prétendre être une « puissance mondiale » quand elle nie elle-même l'humanité de millions de survivants d'un génocide identitaire minutieux ? L'inceste est un crime contre l'humanité, c'est ce génocide identitaire qui brise, morcelle la personnalité d'un individu et le laisse fracassé et seul sans prise en charge. C'est environ quatre millions de victimes recensées en France (selon les associations, aucune étude n'a jamais été réalisée par les pouvoirs publics).

C'est du fond de mes tripes que je ressens cette folie, ce constat, et c'est donc du fond de mes tripes que je le refuse et que je refuse d'accepter cet état de fait sans broncher, sans penser à l'avenir de mes enfants dans cette société, de tous les enfants, partout.

Quelle société ai-je envie de construire pour mes enfants ? Pas celle où l'on estime que les victimes sont coupables de l'être. Pas celle où l'on considère qu'il est normal de piétiner les plus faibles. Pas celle où l'on détourne le regard devant la douleur de l'autre. Pas celle où l'on condamne la différence. Pas celle où l'on ferme les yeux sur le pire, pour préserver les apparences et le confort. Pas celle où l'on estime que la douleur de l'autre vaut toujours moins que la sienne, et que donc on est en droit de brader la vie de son prochain pour se soulager soi-même. Pas celle où une mère peut sans problème de conscience pousser son enfant au suicide dans le seul but de gommer de sa vie une erreur de jeunesse jamais assumée.

Nous sommes des êtres de conscience. Il paraît que c'est ce qui nous différencie des animaux. Conscience.

Pourtant, quand je vais mal, mon chat vient me réconforter, il ne me mord pas. Mon chat a donc plus de conscience que ma génitrice ?

Si notre conscience ne nous sert pas à rendre le monde meilleur, à quoi sert-elle ?

J'ai décidé que ma conscience me servira à dénoncer ce qui rend le monde pourri. Que je continuerai de témoigner et d'offrir ma parole pour aider ceux qui n'ont pas les moyens de faire savoir qu'ils vont mal mais qui existent malgré tout et survivent plutôt que de vivre.

Mais j'ai aussi compris que, sans cette lutte perpétuelle à regarder en face la douleur des autres, je ne supporterais pas la mienne.

Je lutte donc aussi pour ma survie.

Parce que bien que j'en ai raconté beaucoup, au travers de mes écrits, mes témoignages vidéo ou au peu de journalistes qui se sont intéressés à mon histoire comme à mes combats, je suis très loin d'avoir livré tous mes souvenirs, et donc, très loin d'avoir vidé mon sac de douleurs.

Il est trop lourd ce sac, trop plein. Je ne saurais pas par où commencer. Depuis des années, je me demande ce qu'il est utile de dire, comment le dire, parce que j'ai toujours peur de faire dans le pathos, peur de donner matière aux voyeurs, peur de faire du mal aussi à qui me lit et se retrouve lui-même projeté dans l'horreur qu'il a vécu.

Alors j'ai la tête, le cœur et le ventre encore trop pleins de souvenirs, de sentiments, de tristesse, de colère, de tourments intérieurs. C'est comme un ouragan perpétuel qui se promène en moi, qui m'empêche de m'enraciner. Comme le bruit de milliers de coups de massues sur des tubes métalliques. C'est tous les soirs quand la maison sommeille et que chaque bruit, ombre, soupir, deviennent une menace comme une hache sur mon cou... Alors je dois arrêter de respirer parce que le plus petit frôlement de la hache me tue, encore, encore, encore.

En réalité, sans regarder la douleur des autres, je n'aurais aucun moyen de relativiser la mienne, et je serais complètement folle. Ou morte. Lutter, je ne le vois même plus comme un choix, mais comme le seul moyen de survivre. Survivre, à défaut de vivre, parce que certaine(e)s ont décidé de m'enchaîner des boulets aux pieds et de me jeter dans un océan de merde dont il faut à tout prix que je garde la tête en dehors.

Mais lutter, c'est aussi se confronter à l'aberration. J'ai pu discuter avec d'autres personnes qui luttent sur le même sujet et je suis parfois tombée de haut. Entre celles et ceux dont le seul but est de vendre quelque-chose, celles et ceux qui veulent imposer une « méthode » en disant « il faut porter plainte tout de suite, ensuite vous pourrez commencer à vous soigner », celles et ceux qui n'ont pas grand-chose à dire à part des manifestations de pitié… Je comprends qu'il y ait de très nombreuses victimes qui ne parviennent jamais à trouver le bon interlocuteur. Il existe de très bonnes associations, des personnes magnifiques qui luttent pour le bien d'autrui. Mais alors ces personnes ont du mal à être disponibles pour un grand nombre de victimes et survivant-e-s. Parce que le fait est là : il y a tellement de victimes, de survivant-e-s, que les besoins sont énormes.

Lutter seule est loin d'être une chose facile. Si j'ai pu compter de temps à autre sur le soutien d'une association et de quelques personnes, j'ai souvent eu un sentiment de lassitude, tant j'ai l'impression que tout est toujours à faire, que l'on n'avance pas, que l'on minimise toujours le pire pour s'en débarrasser.

Et estimer que la nouvelle « Loi Schiappa » serait « enfin » une avancée est scandaleux. C'est seulement une aumône là où nous attendions tous une loi forte. Alors il faut continuer de lutter pour une véritable loi, une loi simple qui dirait simplement : « *tout acte sexuel commis par un adulte sur mineur de quinze ans (dix-huit ans en cas d'inceste) est strictement interdit et sera poursuivi sans prescription.* » Pour ça, il faudrait que la société réagisse, que les citoyens se rendent compte que tout le monde est concerné, parce qu'il s'agit de défendre le droit à l'Enfance, et c'est une cause qui devrait être universelle.

Je crois qu'en plus d'être ce qu'il convient d'appeler une écorchée vive, je suis en total décalage avec cette société et ses valeurs.

Alors je lutte, comme je respire. Je préfère continuer de réagir avec mes tripes plutôt qu'avec ma tête. Oui, ça me rend parfois excessive. Je suis excessive, sinon il y a longtemps que j'aurais renoncé à tout, et je serais morte. L'excès, c'est l'idée que ma vie ne vaut rien si je n'en fais pas quelque-chose d'utile aux autres. Pas seulement aux miens, mais à la société.

Parce que je suis une survivante de l'inceste. 14 années de tortures, de barbarie, de viols : c'est excessif. Et ça ne devrait plus jamais exister. Mes nerfs sont une pelote de fils barbelés, une douleur déchirante. Mais ce sont mes nerfs. A moi. J'en fais ce que je veux. Et je veux continuer de témoigner de l'horreur des conséquences du pire des crimes qui puisse exister au monde, un crime universel : le viol des enfants.

Qu'est-ce que qu'une famille inces-tueuse ?

L'expression « famille inces-tueuse », le mot « inces-tueur » peuvent sembler choquants. Mais ce qui l'est, est qu'il y a un individu de la famille qui a commis un ou des actes criminels sur un enfant. Un individu est coupable d'inceste.

Dans mon cas, en effet, le second mari de ma génitrice et père de mes demi-frères était un violeur d'enfants, et il m'a violée durant 14 années. Quasiment chaque nuit, il se glissait dans ma chambre, et parfois je dormais, j'étais réveillée par sa main qui se frayait un chemin entre mes cuisses. Même à l'époque où mon petit frère et moi partagions la même chambre. J'avais tellement peur pour mon petit frère que je ne bougeais pas, j'essayais de retenir ma respiration, comme si ça pouvait me permettre de ne plus être là.

Les viols n'étaient pas les seules violences qu'il m'imposait, puisqu'il y avait la torture psychologique (afin de m'isoler, me faire croire que ma vie ne dépendait que de lui, que la vie de ma mère et mes frères dépendait de mon silence, de me convaincre que personne ne me croirait jamais), il y avait la torture physique (coups, simulations de noyade, douches froides…), les humiliations (en public ou en privé, sur mon physique, sur le fait que je n'étais qu'une bâtarde, que j'étais une moule cuite, que j'étais sale,…). Il y avait donc une emprise totale dont je n'avais aucun moyen de me défaire.

Il jouait aussi avec mes sentiments, se montrant parfois gentil, ne me faisant pas de mal pendant quelques jours, pour que je prenne confiance, en me disant que je pouvais lui parler, qu'il était prêt à m'entendre parce qu'il se rendait compte que « tout ça » me faisait du mal. Si j'avais le malheur de tomber dans le piège (et c'est arrivé trop souvent), il se servait de ce que j'avais dit pour me faire encore plus souffrir.

D'autres fois, il se comportait comme si c'est moi qui lui faisais du mal, en pleurant, en disant qu'il ne comprenait pas pourquoi je ne l'aimais pas. Ou alors, il tenait des discours épouvantables… Il disait qu'il allait s'arranger pour tuer sa femme accidentellement, et comme ça il pourrait m'épouser. Et on pourrait vivre heureux. Dans ces moments là, c'est l'effroi, l'incompréhension et le sentiment que je n'en sortirai jamais vivante qui prenaient le dessus. Le pire, c'est que parfois j'avais pitié de lui, et je me sentais coupable. J'avais douze ans, il parlait de tuer ma mère pour m'épouser… Et je pensais que c'était moi le monstre.

A l'aube de mes neuf ans, il a commencé à me sodomiser. Je crois avoir vécu là le summum de l'horreur, je me rappelle ses mots « tu vas voir, ça fait du bien, c'est comme un gros caca qui passe et ensuite ça fait du bien »… Je ne pouvais pas crier, ma mère enceinte se reposait, mon petit frère jouait dans la chambre. J'ai serré les dents, j'ai pleuré, j'avais seulement mal, je voyais du sang couler sur ma jambe, j'ai cru que j'allais mourir, et tout à coup, tout est devenu sombre, je sentais que ça continuait, mais je n'étais plus là. La douleur, avait disparu, j'entendais seulement mon cœur battre dans mes tempes.

Quand il a eu fini, il a dit « tu vois, c'était pas si mal ». Il m'a nettoyé les jambes, les fesses, et il a nettoyé les traces de sang sur le sol. Comme je ne bougeais pas, que j'étais comme paralysée et que je regardais les traces de sang, il a dit « c'est rien, c'est normal au début ». « Au début » ? Il allait recommencer ça ? J'avais envie de hurler « NON ». Mais rien de sortait de ma bouche. Et j'avais mal. Pendant plusieurs jours, j'ai continué à saigner, il m'avait demandé de mettre du papier toilette dans ma culotte pour éviter les tâches. Je n'arrivais pas à aller à la selle, j'avais mal au ventre, et j'avais peur. Le sentiment que quelque-chose d'irréparable venait de me mutiler. J'ai commencé à penser que je ne survivrai pas, je n'arriverai pas à supporter encore ça.

Mais le corps supporte. L'esprit se cache quelque-part, le cœur s'arrête, la vie s'arrête, le temps se fige. Et on survit jusqu'à la fois suivante.

C'est à douze ans qu'il a volé ma virginité vaginale. Ma mère dormait dans sa chambre, il avait fait en sorte que je reste avec lui devant la télé. Mes petits frères étaient couchés. Je savais qu'il allait encore me faire mal. Mais je n'avais pas mon mot à dire. Juste attendre, obéir, ne pas faire de bruit… Il a craché dans sa main, a appliqué son crachat entre mes jambes, et je n'ai pas eu le temps de me rendre compte de ce qu'il faisait, c'était trop tard. Sa main a étouffé mon cri. Un cri faible, un cri de surprise, d'incompréhension, de douleur. Je n'ai pas bougé. Je ne pouvais pas bouger. J'étais morte. Une fois de plus. Il m'a caressé le visage, en me remerciant du cadeau que je lui avais fait, « la chose la plus précieuse que tu pouvais me donner »… Quel cadeau ? Je ne lui avais rien donné. Il m'avait éventrée. J'avais mal. Je me sentais déchirée.

Il a pris soin d'éjaculer dans un mouchoir pour éviter tout accident. Et il a continué à faire ça, jusqu'à ce que j'aie la pilule, plusieurs mois après. Il m'avait demandé de raconter ceci, si le gynécologue que ma mère m'emmenait voir me demandait pourquoi je n'étais plus vierge : je suis tombée avec mon vélo, et j'ai vu que j'avais saigné un peu. Je n'ai pas eu à le dire, le gynécologue n'a rien demandé. Pourtant, devant mon corps pas encore formé, à presque 13 ans, il aurait dû me poser la question. Il aurait dû réagir. Mais ma mère était assise à deux mètres, derrière un paravent.

Pendant des années, j'ai arrêté de lutter contre lui. J'avais renoncé à exister. J'étais une coquille vide. Il me violait, j'attendais qu'il ait fini, j'allais me laver. Et je me comportais comme il attendait que je le fasse : je souriais, je riais à ses blagues, je disais « je t'aime papa », je disais qu'il était beau (malgré son gros ventre mou et flasque, ses pieds plein de croutes noires, ses cheveux filasses, ses dents pourries, son odeur infecte…). Pourquoi lutter ? Vu que de toute façon je ne pouvais pas y échapper… Quand je me débattais, il appuyait sa main sur ma bouche pour m'empêcher d'émettre un son, ou me mettait le visage dans l'oreiller (j'ai parfois perdu connaissance). Il me donnait des coups de poing dans le ventre. Alors résister et avoir encore plus mal, le voir encore plus satisfait ? Ou alors, résister, et l'entendre énoncer les violences qu'il ferait subir à ma mère pour me punir ?

Par contre, le fait de le laisser faire sans réagir avait pour effet de réduire le temps du viol. Ensuite il sortait de ma chambre comme un voleur.

Mon beau-père a utilisé mon corps de môme comme un jouet, un défouloir. Il a toujours eu conscience de me faire du mal. Et il n'a jamais eu de problème avec ça.

Alors oui, c'est bien cet homme-là qui, à la base, est coupable d'avoir mutilé mon enfance, mon corps, ma dignité, ma raison, mon avenir.

Mais une famille inces-tueuse, c'est cette famille qui au lieu de soutenir la victime décide de tout faire pour la tenir au silence, en se fichant royalement de son équilibre mental, de sa santé, de son avenir.

Et j'ai vécu les vingt-huit années qui ont suivi mon calvaire à subir la pression de cette famille inces-tueuse.

Vingt-huit ans pour parvenir à m'en rendre compte, et donc à pouvoir décider de ne plus jamais considérer cette génitrice et ses rejetons comme existants. Ils n'existent plus. La seule chose qui continue d'exister, c'est la colère, la douleur, l'amertume. Parce qu'ils m'ont volé une vie.

Une vie…

D'abord, il y a cette génitrice, ce ventre… Si j'ai continué à douter, à me demander si elle savait ou si elle avait été (comme elle l'a affirmé durant des années) dans un déni tel qu'elle n'avait jamais fait le lien avec mes malaises, mes tentatives de suicide, mon taux d'absentéisme record alors que j'étais une élève brillante, de mon changement de comportement (d'enfant vivante et sociable je suis devenue solitaire et « bizarre »), de mes crises « d'épilepsie », de mes maux de ventre, des accidents à répétition, de mes parties intimes totalement (et douloureusement) épilées entre 13 et 16 ans qu'elle a forcément vues lorsqu'elle me lavait (après une crise, une tentative de suicide ou une surdose de calmants), et le fait qu'elle m'a fait prendre la pilule deux mois avant mes 13 ans (même si elle continue de dire que je l'ai eue à 17 ans et même que j'étais vierge puisque que le gynécologue le lui aurait dit après qu'elle ait posé la question…). J'avais des doutes des dizaines de doutes. Et des souvenirs que je n'arrivais pas à comprendre. Mais je lui accordais toujours le bénéfice de ce doute. Parce que personne n'est préparé à l'idée de devoir accepter le fait que « maman est un monstre ». C'est comme ça, que je l'ai laissée revenir dans ma vie en 2014.

Cette femme, prétend donc qu'elle a su que j'avais été violée par son mari par le biais de la boulangère chez qui elle faisait le ménage et avec qui elle consultait une voyante. La voyante aurait dit qu'il fallait « faire une protection » sur ma tête parce que je risquais de tuer mon beau-père, à cause de ce qu'il me faisait. Bon. Admettons…

Elle m'a demandé si c'était vrai. J'ai répondu oui. Les questions qui ont suivi étaient glauques, douloureuses. « Qu'est-ce qu'il te fait ? » (C'est-à-dire par quel trou…). Déjà là, j'ai senti qu'on n'allait pas sur la bonne voie. « Quand ? » : tous les soirs, et à chaque fois que tu pars faire une course. Sa réponse : « c'est pour ça qu'il me fout la paix ! » J'étais donc le moyen de ma génitrice de pouvoir prendre son Lexomil et dormir tranquille… la question du « depuis quand » est venue loin derrière. Mais que répondre ? « Depuis toujours ? ». J'avais tellement honte, et puis c'était tellement insupportable cette conversation dans la voiture dans laquelle ma propre mère ne faisait preuve d'aucune compassion, mais se lamentait sur son sort à elle, avec « comment il a pu me faire ça ? »… Alors je ne me souviens plus de ce que j'ai répondu douze ou quinze ans. Je ne sais plus. « Combien de fois ? » … Comment répondre à cette question ? Je ne sais pas. Aujourd'hui encore je ne sais pas. Je sais seulement que la première agression, une fellation à quatre ans et demi a été suivie d'agressions plusieurs fois par semaine au début, puis, à l'adolescence, quasiment tous les soirs. Parfois dans la journée en plus quand elle partait faire une course. Alors combien de fois ? Des milliers. « Pourquoi tu l'as pas dit ? » Parce que j'avais honte, et parce que, maman, je n'avais pas confiance en toi qui te laisse tabasser par lui depuis des années en m'infligeant cette version de femme, de mère qui n'est rien d'autre qu'une paillasse… J'aurais dû dire ça. Mais je l'aimais. Et la vérité, c'est que j'avais peur. PEUR. Viscéralement. Je vivais dans la peur, jour et nuit, et le seul endroit qui aurait dû être mon refuge, le seul endroit au monde où j'aurais dû me sentir en sécurité, c'était là que se trouvait mon enfer. Et j'avais peur pour ma vie, mais j'avais peur surtout pour la vie de cette mère, et de mes petits-frères. La peur était mon bâillon.

Elle ne m'a pas emmenée au commissariat. Ni à l'hôpital pour s'assurer qu'aucun dégât irréparable n'avait été commis. Elle n'est pas allée faire nos bagages, elle n'est pas allée chercher mes frères pour partir chez mes grands-parents à mille kilomètres de là. Non.

Elle m'a dit « tu veux aller à la police ? »… Je n'en savais rien. Je voulais seulement que ça s'arrête. Je ne savais même pas ce que ça impliquait d'aller « à la police ».

Elle m'a dit qu'il fallait que je parte pour être en sécurité. Comme ça faisait deux mois que je cherchais une solution pour que ça s'arrête (depuis mes dix-huit ans j'espérais obtenir ma liberté), j'avais consulté l'assistante sociale du lycée, mais la solution était un foyer pour jeunes délinquantes et elle me l'a déconseillé. Deux amies voulaient m'aider, la première vivait chez sa tante, et cette dernière n'a pas voulu risquer qu'un fou débarque chez elle. L'autre n'a pas eu l'aval de ses sœurs qui étaient copropriétaires de l'appartement qu'elle habitait, pour les mêmes raisons. Il me restait Y. Un jeune garçon dont j'étais amoureuse, parce qu'il était doux, il était attentionné, bienveillant. Lui n'a pas hésité. Je pouvais aller chez lui. Je l'ai expliqué à ma mère. Et elle n'a pas cherché une autre solution. On est passé chez

« nous », j'ai mis des affaires dans un sac, vite. Puis elle m'a déposée chez Y. C'est-à-dire qu'elle a confié ma vie une nouvelle fois à un inconnu, sans chercher à s'assurer qu'elle n'avait pas d'autre option et que ce serait la meilleure chose pour moi.

Vers 23h, elle est revenue. Elle voulait que je reparte avec elle parce que le taré était entrain de faire du petit bois avec les meubles de ma chambre et elle avait peur que les voisins appellent la police. Y m'avait dit que je ne devais pas remettre les pieds là-bas. Et je ne lui avais pas dit le centième de ce que j'avais subi… J'ai tenu bon. J'avais peur. Mais j'ai tenu bon. Et en fait, je commençais à me poser des questions : pourquoi ma mère n'allait pas voir la police ?

Le lendemain, ou le surlendemain, je ne sais plus bien, elle est venue me chercher, il fallait « rassurer mes petits-frères ». Je l'ai suivie. Elle a annoncé froidement à mes petits frères de neuf et treize ans : votre père a violé votre sœur.

Je me rends compte que ces jours-là restent flous. Tellement c'était incompréhensible, incohérent, anormal. Et là, devant eux, elle m'a redemandé : tu veux porter plainte ? Et elle a déballé tous les arguments pour que, surtout, je ne le fasse pas : pense à tes petit-frères, leur père va aller en prison, et moi aussi je pourrais être arrêtée ils vont dire que je suis responsable, alors tes frères vont se retrouver à l'orphelinat, et ton grand-père ça va le tuer, et tu te rends compte ce que vont dire les gens, et tes frères ils vont devoir supporter d'être insultés quand on dira que leur père est un violeur, et… et… et…

Mes petits frères étaient choqués, ils comprenaient qu'on leur parlait de quelque-chose de grave, ils étaient inquiets « je veux pas que papa aille en prison » a dit le plus âgé, il était pâle, presque figé. Le plus jeune a suivi « moi non plus ». Ma génitrice m'a redemandé « alors qu'est-ce que tu veux faire ? » … Je ne savais pas. Je voulais que tout s'arrête, ne pas faire souffrir mes frères, préserver « maman »…

Alors j'ai dit non. J'ai dit que je ne porterai pas plainte.

Mais ça n'a pas suffi. Il fallait sauvegarder les apparences. Alors je devais régulièrement venir manger en famille le dimanche, pour faire plaisir… à qui ? Il ne fallait rien dire à personne. Surtout pas à la famille. Surtout pas à mon père.

Et comme ça, lentement, en me pliant aux exigences de ma génitrice, je me suis piégée seule dans un mode de fonctionnement aliénant.

Elle ne l'a pas quitté. Elle avait toutes les raisons de le faire. Mais c'est lui qui avait un emploi. Elle travaillait au noir. Et elle ne gagnait pas de quoi subvenir aux besoins de mes demi-frères. Elle le savait. Elle a choisi de sauvegarder les apparences, et le pseudo confort : appartement à cafards de HLM de banlieue nord de Marseille, meubles cassés, un sommier de 20 ans à la place d'un lit, des trous dans les murs et les portes, et le pastis à profusion avec la chaîne cryptée… Pourtant, si elle avait vraiment voulu partir, elle aurait pu, et elle aurait trouvé du soutien en la personne de ses frères (fonctionnaires de la police ou de l'armée), de ses sœurs, et même de certains voisins.

Lui a fait une dépression nerveuse (en toc), avec un malaise à son travail. Ma mère m'a fait venir sur les lieux. Je ne sais pas pourquoi. Mais je me souviens de ça : le patron du pourri m'a dit « c'est pas gentil ce que tu fais à ton papa, tu fais beaucoup de mal… ». Et voilà, j'étais officiellement la « pas gentille ».

Je me suis éloignée géographiquement. Quand j'avais ma génitrice au téléphone, elle me passait son mari « attends, je te passe papa il a un truc à te dire »… Et je faisais semblant, pour ne pas faire de vague. Pour qu'elle ne se prenne pas une baffe si j'osais dire « qu'il aille se faire foutre ».

Elle m'écrivait, et il y avait toujours une ligne, quelques mots de « papa »…

Et il a fallu que je me mette moi aussi à dire bisous à tout le monde, y compris « papa » parce qu'il n'était pas satisfait que je laisse planer sa culpabilité… Pauvre petite chose. Ordure !

Le temps passait. A 19 ans, mon vrai et seul père m'a invitée à le rencontrer, il m'a envoyé un billet d'avion, et je crois que l'on peut classer cet évènement dans l'un des plus beaux et des plus atroces de ma vie à la fois. Le plus beau : rencontrer mon père, enfin… Connaître son visage (j'ai grandi sans même une photo de lui). Mais devoir lui mentir. Ma mère avait insisté, je ne devais rien lui dire, lui parler de la violence maritale qu'elle avait subie oui, mais ce que j'avais subi moi, non. Elle m'avait décrit un homme qui n'était intéressé que par la mode, les apparences, le physique, qui préférait les blondes plantureuses aux femmes « normales », qui était efféminé. Mais quand même, il était supposé être gentil, même s'il avait été horrible en m'abandonnant (selon elle), et puis c'était mon père « quand même ». Elle tenait à ce que je lui parle d'elle. Elle m'avait aussi dépeint le portrait de la mère de ma demi-sœur paternelle comme étant une garce moche, intéressée par le fric, et puis bête, et puis méchante, « elle a volé ton père ». Je partais avec ma vieille valise d'occasion, heureuse et angoissée. Dans l'avion je commençais à regretter. Et en arrivant à l'aéroport de Lille, j'ai d'abord vu la bouille de ma petite sœur que je connaissais parce que, d'elle, j'avais eu le droit d'avoir quelques photos. Ma petite sœur en vrai, encore plus jolie, plus pétillante, plus lumineuse que sur les photos. Et je l'ai vu, lui, mon Père. Et j'ai tout de suite su que j'étais sa fille à lui. Rien de ce que l'on m'avait dit de lui. Son regard, son charisme, son élégance, la force qu'il dégageait autant que cette fragilité que je ressentais. C'était mon père, et mon père à cet instant devenait le plus bel homme au monde, pas pour son physique, mais parce que son regard était brillant, curieux, différent.

Mais que dire à cet homme si je ne devais pas parler de sa fille, de ce que j'étais vraiment ? Que lui dire de mon enfance ? Que lui dire de ma situation merdique sans lui expliquer pourquoi ? Et surtout, comment savoir comment l'aborder alors que toute ma vie je n'avais entendu que des mensonges à son sujet ? Donc, on peut dire que la rencontre fut ratée. Basée sur des mensonges pour le confort de « maman ». Le souvenir que j'en garde : la mère de ma petite sœur n'avait rien d'une garce méchante, et elle m'a accueillie avec bienveillance et affection. Ma sœur était fascinante, dans sa culture, sa maturité, et je sentais une chose folle : cette gamine m'aimait. Moi. Qu'elle ne connaissait pas. Au moment du départ, mon père m'a serrée si fort dans ses bras que j'ai compris qu'il m'aimait, sans m'avoir comprise, ou plutôt, il serrait dans ses bras cette enfant qu'on lui a volée et qui s'était représentée à lui adulte, une étrangère, avec pas grand-chose à dire que des banalités et qui riait pour rien, juste parce qu'elle avait peur du silence et du jugement. Il ne pouvait pas comprendre… Comment aurait-il pu comprendre ?

Je suis rentrée chez moi dans le Vaucluse. J'ai menti à ma mère pour lui faire plaisir, oui la mère de ma sœur était moche, et oui mon père parlait d'elle avec beaucoup d'émotion et d'affection. C'est tout ce qui l'intéressait. « Il t'a parlé de moi ? »… Je rencontrais mon père pour la première fois depuis dix-sept ans, et la seule chose qu'elle voulait savoir c'est s'il avait parlé d'elle, ah oui, et s'il m'avait trouvé belle… Le truc hyper important. Ou pas.

Mais alors que nous étions convenues ma génitrice et moi de ne pas dire à D que j'allais voir mon père, évidemment, elle le lui a dit. Et évidemment, il a encore une fois joué son cinéma… Le pauvre, lui qui m'avait élevée comme sa fille… C'est certain, dans le monde normal on torture et on viole sa fille… NON.

Les coups ont continué à pleuvoir sur la tronche de ma génitrice, devant mes demi-frères. Et le gros dégueulasse alternait pastis et whisky premier prix. Il disait « va m'acheter du pétrole »… C'est essentiellement là-dedans que passait l'argent que gagnait ma génitrice en travaillant au noir dans une brasserie où elle faisait le ménage et aidait au service ou en cuisine. Ils avaient déménagé, ils habitaient un appartement en ville, derrière la place de la Plaine à Marseille. Un appartement qui a vite été dégradé, les coups de poings dans le Placoplatre et les portes étaient toujours d'actualité, et de temps à autre, il faisait du chantage au suicide. Une fois, il a annoncé à mes petits frères qu'il allait se tuer, et il a tiré des coups de 22 long rifle dans le mur. Juste de quoi maintenir la pression, se maintenir dans le statut de victime. Et faire peur à des gamins déjà bien abimés. Evidemment, c'est toujours à moi qu'on en voulait, j'avais osé partir, les laisser avec le monstre… Non. En réalité, ma génitrice avait choisi cette situation, consciente des conséquences possibles, notamment et surtout pour ses fils, puisque moi je ne comptais déjà plus depuis si longtemps…

Le temps a passé encore. Je suis allée vivre à Paris. Nouvelle vie, nouveau décor, nouvelles rencontres. J'ai cru avoir réussi à laisser le passé derrière moi. Sauf qu'il y a toujours des gens pour demander « d'où tu viens », « tu as de la famille ? »… Je n'avais pas envie de répondre. Alors je mentais. « Je suis orpheline ». C'était pratique, les gens étaient dérangés par cette réponse et ne posaient pas plus de question, sans doute la peur de soulever un sujet douloureux.

Mais pour avoir la paix avec la « famille » que je cachais, j'avais un alibi : un petit ami, ceinture noire de karaté. C'était à moitié vrai. Il était mon ami, et j'avais réussi à lui dire que mon beau-père m'avait violée plusieurs fois, et que j'avais peur qu'il débarque. Alors on avait un « deal ». Il se faisait passer pour mon petit ami, et en échange je lui permettais de se débarrasser de sa compagne avec qui il ne se sentait plus du tout à l'aise. Ses parents avaient l'air de gens charmants, normaux en tout cas.

On était très complices, et ensemble on a réussi à duper tout le monde. Quand je l'ai connu, il était gigolo, en plus de son métier de pâtissier. Il trouvait ça valorisant que des femmes aient envie de payer pour coucher avec lui. Je n'y ai jamais vu de problème, parce qu'il le vivait bien. Il gagnait très bien sa vie, et je travaillais aussi. On donnait l'image du couple tranquille et à l'aise. Moi, j'aimais un autre homme. Musicien, beau comme un astre, charismatique. Il me faisait rêver. Mais la vie est une pute. Sa voisine a réussi à me faire croire qu'ils avaient eu une relation sexuelle quelques jours après qu'il m'ait demandée en mariage, et j'avais demandé quelques jours pour répondre, parce que je n'avais pas l'impression de mériter cet homme-là. Je ne l'ai pas cru quand il m'a dit que ce n'était pas vrai, et qu'il me voulait moi pour la vie. Parce que la confiance, je ne savais plus ce que c'était. J'en suis tombée malade. Alors j'ai suivi Stéphane, celui qui était mon ami et ne m'avait jamais déçue. J'avais une confiance aveugle en lui. Il savait que j'aimais un autre homme. Il disait que ça me passerait, et qu'on avait assez de complicité et de points communs pour devenir un couple. De fil en aiguille, et sans que je le choisisse ni même que je réalise ce qui était sur le point d'arriver, nous nous sommes retrouvés mariés. J'étais enceinte. Je n'ai pas su dire non quand il a annoncé que l'on allait se marier. Je l'aimais. Mais pas comme un mari, comme un ami, un confident, une présence rassurante. Il avait un côté chevaleresque, toujours à vouloir résoudre les problèmes des autres. Alors forcément, ma génitrice l'a adoré puisqu'il donnait de l'argent.

Je n'ai parlé de William, l'homme que j'aimais, qu'à très peu de personnes. Et surtout pas à ma génitrice. Parce qu'il était à moi, il était mon jardin secret. Et je savais qu'il serait descendu par elle et son mari : il était musicien, il jouait dans le métro, donnait des cours de solfège, de guitare, de piano. Il n'avait pas l'air du beau-fils idéal, ses cheveux longs, son look « grunge »... Evidemment, il ne plairait pas. Et on me dirait « mais qu'est-ce que tu vas faire avec un type comme ça, il n'a pas d'argent »... Stéphane passait bien, partout, il avait une famille bourgeoise et convenable. Alors j'ai oublié de penser à moi, et j'ai pensé à ce que la famille préfèrerait. Encore.

Un an après notre mariage, ça commençait à tourner mal. J'étais enceinte de mon deuxième fils. Je me sentais seule. Stéphane n'était pas présent, il disait travailler beaucoup pour que l'on vive bien, mais en réalité on ne se voyait quasiment pas. Je partais en vacances sans lui. Il n'a pas pris son congé paternité à la naissance de mon second fils.

Quelques mois plus tard, on avait décidé de déménager pour arrêter ce rythme de folie et pour nous rapprocher de ma famille : ma mère était enfin divorcée du monstre, je pensais qu'elle serait une bonne grand-mère. Et j'avais besoin de ne plus me sentir aussi seule avec mes enfants. Je savais que je n'avais déjà plus de couple, mais je pensais sauver notre famille, que l'on redevienne les amis qu'on avait été, et qu'on sauvegarde les apparences le plus longtemps possible pour les enfants.

L'échec… Stéphane avait gardé son emploi à Paris le temps de trouver un emploi dans la région de Lille. Il rentrait deux jours par semaine au début. Puis deux mois après, il ne rentrait plus du tout. Il a disparu durant dix mois. Sans explication, je n'arrivais pas à le joindre, je galérais parce qu'il ne versait plus son salaire sur le compte joint et je n'avais que mon allocation de congé parental. On m'a conseillé de demander le divorce pour abandon de famille. Mais je ne pouvais pas me résoudre à agir comme ça, sans savoir ce qu'il lui arrivait. Je savais que son épilepsie pouvait provoquer des dégâts, comme des amnésies passagères, ou des chutes. J'avais peur pour lui. J'ai réussi à le joindre, un jour il a répondu au téléphone… Il a accepté de me rencontrer, j'ai pris le train pour Paris, je suis allée le chercher à son travail. Il en avait changé 5 fois en 8 mois. On est allé prendre un café, et on a discuté vingt minutes. Il avait autre chose à faire. Je n'ai pas eu d'explication, il m'a indiqué quel métro prendre pour retourner à la gare. Je suis rentrée chez moi, ma génitrice gardait mes fils. J'avais fait un aller-retour Paris, qui m'avait coûté cher, pour parler vingt minutes avec mon mari qui refusait de me dire pourquoi il nous abandonnait… Je ne sais plus ce que j'ai dit à ma mère. J'étais confuse, honteuse, inquiète. J'étais humiliée aussi, encore une fois, complètement déstabilisée.

Et puis un jour, alors que j'avais pris mes habitudes de vie seule avec mes fils, il est revenu. Blessé, sale… Il n'avait plus rien. Je ne voulais pas qu'il revienne. Mais mon fils aîné a couru vers lui en criant « papa ! »… Le plus jeune a eu un moment d'hésitation, et il a couru dans les bras de son père.

Alors nous sommes devenus colocataires. On était d'accord, on faisait semblant pour tout le monde, mais je refusais de lui refaire confiance, et je refusais qu'il me touche. On partageait le même lit, souvent il descendait dormir sur le canapé. Mais devant « la famille » : tout allait bien.

Mon congé parental arrivait à sa fin, et j'avais réussi à me faire embaucher dans le même endroit que Stéphane, une boulangerie-pâtisserie de village, une entreprise familiale. L'idée de Stéphane était que nous prenions l'affaire en gérance, puisque la patronne ne se sentait pas de gérer sur la durée cet endroit dont elle avait hérité de son père, qui appartenait donc encore en partie à sa mère qui passait tous les jours.

Et j'ai découvert que Stéphane couchait avec notre patronne. Il la volait aussi. Puisqu'elle était incapable de gérer les entrées et les sorties d'argent. Je suis allée travailler ailleurs.

J'ai voulu divorcer, il a refusé. « On ne divorce pas dans ma famille ! »

Le 9 novembre 2001, je venais de fêter mes trente ans dans une ambiance hypocrite et malsaine. J'étais couchée à cause d'un lumbago aigu. Un huissier est venu, et je ne comprenais rien de ce qu'il me disait. Il a vu mon désarroi. Il m'a demandé de m'asseoir.

Sur les papiers : mon mari devait près de 18 000 euros, plusieurs crédits contractés avec des cartes de paiement au nom d'une autre femme. Pourtant, sur papier, j'étais co-emprunteur, ma signature avait été imitée… L'huissier a été gentil avec moi. Et il m'a mise en garde : « je suis le premier qui a retrouvé votre mari, mais je sais que d'autres dettes ont été contractées. Faites-vous conseiller madame, je vois que vous êtes en réel état de choc »…

Et en effet, d'autres huissiers ont suivi. Plus de 30 000 euros de dettes, avec mon nom, dans des organismes que je ne connaissais pas, où je n'étais jamais allée, avec une imitation grossière de ma signature…

J'ai dit à Stéphane que je voulais le divorce, il a encore refusé, prétendant que ces huissiers se trompaient de personne. Sur les papiers, toujours le même nom de femme « Véronique L ». C'est elle qui, a priori, avait bénéficié de cet argent. Mais c'est à moi qu'on demandait de rembourser. Il m'a quand même expliqué qu'il n'avait pas eu le choix, car cette Véronique était tombée enceinte et que c'était son devoir à lui de s'assurer qu'elle ne manque de rien pour le bébé (qu'il n'a pas reconnu).

Stéphane ne pouvait pas supporter que je remette en question son rôle de « chef de famille ». Alors, parce que je savais que ça serait le point de non-retour, et que j'avais rencontré Olivier, j'ai « trompé » Stéphane. C'est un bien grand mot, puisque notre couple n'existait plus depuis deux ans. Olivier m'apportait du calme, de l'attention mais nous n'avons pas eu une relation suivie, il était instable, j'avais peur de m'embarquer dans une nouvelle galère. Je l'ai dit à Stéphane avant que ça arrive. Et ensuite, je lui ai dit « c'est bon, on peut divorcer, je t'ai trompé, et dans ta famille il n'y a que les hommes qui trompent ». Il a fallu plusieurs mois pour qu'il accepte l'idée de divorcer.

Le divorce a été un enfer. J'ai demandé un divorce à torts partagés, et j'ai décidé de ne pas mêler ma famille à tout ça, parce que je ne souhaitais pas révéler les raisons pour lesquelles je demandais le divorce : j'avais honte de dire « mon mari qui a disparu pendant 10 mois a contracté 30 000 euros de dettes pour une autre femme avec qui il a eu un enfant ». J'avais tellement honte, je me suis sentie trahie, accablée et je ne voyais pas comment on pourrait régler ses dettes. Mais je ne voulais pas que mes enfants entendent des saletés sur leur père, et j'avais déjà conscience que la première chose que ferait ma génitrice, était d'en rajouter… Pourtant, mon avocate me conseillait un divorce pour faute, on avait tout, on gagnait sans problème. Mais je n'avais pas l'âme à faire la guerre, je voulais juste que la mascarade s'arrête. J'ai préféré ne pas donner de détails sur les motivations de ma demande de divorce. Alors, « torts partagés ». J'ai rencontré C, un homme de 14 ans de plus que moi, il était gentil, attentionné, et il m'a promis de me rendre heureuse. Mais j'ai préféré dans un premier temps avoir mon propre logement.

Stéphane a fait en sorte de se faire passer pour la victime de la situation auprès de ce qui était ma famille, mensonge sur mensonge. Et ça a marché, parce que ma génitrice avait tout intérêt à ce qu'il soit démontré que je n'étais qu'une femme de petite vertu et une mauvaise mère de surcroit, l'un de mes frères s'est engouffré dans la faille pour en tirer parti (tout à coup, Stéphane devenait son super beau-frère alors que quelques années avant il l'avait traité de « pauvre con prolétaire » alors que nous le logions et le nourrissions...), et il a réussi à lui extorquer de l'argent... Le dernier de mes frères, le plus jeune, a joué son rôle de lâche qui ne prend pas partie... Ne jamais faire de vague est sa devise.

La seule personne qui m'a soutenue à cette époque, c'était ma belle-sœur, compagne du plus jeune de mes demi-frères. Sans elle, je me serais retrouvée à la rue. Ma mère s'était engagée à se porter garante pour le logement en location que je devais prendre. La veille du rendez-vous chez le notaire, elle s'est désistée, avec des motifs vaseux. Et surtout avec un « tu n'avais qu'à réfléchir avant de demander le divorce ! » Je lui ai répondu qu'elle aurait été à sa place à la droite de Ponce Pilate. En un coup de fil, elle m'annonçait que j'allais me retrouver à la rue. Et donc perdre la garde de mes enfants (le juge avait décidé d'une garde alternée). C'est ma belle-sœur, sœurette de cœur, qui s'est débrouillée pour venir au rendez-vous chez le notaire, et m'a permis d'obtenir ce logement. C'est elle aussi, et elle seule qui m'a aidée à déménager... Elle fait toujours partie de mes proches. Elle est séparée de mon demi-frère depuis plus de huit ans, mais elle est restée la tante de mes enfants et l'une des personnes en qui j'ai le plus confiance.

Pendant un temps, ma génitrice a cru bon de me tourner le dos, à moi, parce que je n'avais pas été gentille en constatant qu'elle me mettait dans la merde en un claquement de doigts... Puis, mon petit frère... « Maman est triste, blabla

blabla ». J'ai cédé. Elle est revenue jouer à la grand-mère (mais pas trop quand même), a prétendu être fière de la manière dont j'avais su gérer et m'installer à peu près confortablement.

Petit à petit, Stéphane est devenu le sale type. Ma génitrice et mon frère n'ont eu aucun mal à le faire tomber de son piédestal et à le piétiner. Le plus jeune avait pitié, alors il l'aidait parfois, persuadé que moi-même je ne faisais rien pour lui, pour mes enfants.

Cette même année (2003) en pleine procédure de divorce, j'ai perdu ma grand-mère. Puis mon meilleur ami s'est suicidé. Le divorce a été une épreuve de trop. Cauchemars, flashbacks, crises de panique…

Et pour en ajouter une couche, Stéphane a réussi à détourner légalement de la CAF les allocations familiales qui m'avaient été accordées par le juge, au regard de son salaire supérieur au mien… Je suis alors devenue célibataire sans enfant au regard de l'administration, mon aide au logement m'a donc aussi été supprimée.

Je me suis retrouvée malade, je n'avais plus les moyens de payer une nounou, puis de me nourrir, puis de payer mes charges. Et j'ai commencé à glisser vers le fond.

J'ai dû quitter mon logement pour aller habiter avec C alors que je n'étais pas prête et que ça faisait trop loin pour gérer la garde alternée de mes enfants. Je sentais les regards pesants et accusateurs de ma génitrice et ses fils. Et j'étais toujours inondée, noyée de souvenirs infects, de douleurs constantes. Je me sentais illégitime d'être la mère de mes enfants, vu que je n'avais plus rien à leur apporter. J'étais en arrêt maladie. Dépression sévère.

Je suis allée voir mon médecin, et je lui ai menti. J'ai dit que je partais me reposer à la campagne, et que j'avais besoin d'une ordonnance pour le renouvellement. Il a rédigé l'ordonnance, je suis allée à la pharmacie, qui a hésité à tout me donner, mais au final, je suis repartie avec mon traitement pour un mois.

Le 2 novembre 2003, je me suis levée, j'ai fait ma toilette, en pensant que c'était une toilette mortuaire. Je me suis habillée, j'ai avalé 60 Xanax et 28 Stillnox. Je suis allée me coucher, et j'ai mis un sac en plastique sur ma tête. Mon téléphone portable était sur la table de chevet. A priori, quelqu'un a voulu m'appeler et dans un début de coma j'ai fait tomber le téléphone à terre. C'est le fait de me savoir très mal et d'entendre des bruits étouffés dans le téléphone qui ont donné l'alerte. Je n'étais déjà plus consciente quand les pompiers m'ont trouvée. Je ne me souviens pas de combien de temps je suis restée dans le coma, la seule chose que je sache, c'est que ma génitrice n'est pas venue tout de suite quand elle a été prévenue (tard) par celui qui est depuis devenu son troisième mari, qui estimait qu'il ne fallait pas la déranger avec ça au travail... Le plus jeune de mes frères était là ainsi que sa compagne et mon compagnon.

L'hôpital voulait me garder, en internement psychiatrique, car il s'agissait bien d'un suicide raté, pas d'un appel à l'aide. Dans la lettre que j'avais laissée, je parlais de mon enfance qui me torturait, de la solitude que je supportais à devoir faire comme si j'étais « comme tout le monde », et de la souffrance d'être séparée de mes enfants d'une manière aussi injuste que malhonnête.

J'ai juré qu'enfermée, je me tuerai quand même. Mon compagnon et ma belle-sœur ont supplié ma génitrice pour qu'elle ne signe pas les papiers d'internement. Ils avaient compris que si elle faisait ça, je ne sortirais pas de là vivante. Elle a hésité, et m'a laissée sortir. Mon compagnon me donnait ma dose de médicaments et repartait avec le reste, enfermé dans son coffre de voiture.

J'ai mis plusieurs semaines à revenir à une forme de normalité à peu près satisfaisante (pour les autres). Et j'en ai profité pour observer le défilé des faux-culs qui faisaient semblant de se préoccuper de ma santé.

Ma génitrice en était. Elle me rabâchait que si mon père ne l'avait pas quittée, blabla… Pas une seule fois elle ne s'est remise en question. Mais je n'avais pas encore conscience du pourquoi, ni même de sa volonté de me noyer dans un flot de mensonges et de transformations de la vérité qui m'empêchaient de redresser la tête. Le plus jeune de mes frères était dans une forme de pitié du genre « t'as vu ce que tu étais et ce que tu es devenue, (sous-entendu par ta faute) ». L'autre faisait acte de présence de temps à autre, parce qu'il fallait bien donner le change. Mais aucun d'eux n'a pensé que mon état, dont il était établi qu'il était en lien avec mon enfance, pourrait s'améliorer s'ils entendaient enfin ce que j'avais à dire et s'ils arrêtaient de soutenir et protéger le pédocriminel qui m'avait rendue si instable, si fragile, si malade.

J'ai compris beaucoup de choses à cette époque, sur moi surtout. Et j'ai décidé de reprendre mon avenir en mains. Mais sans argent et sans baccalauréat, on ne va pas loin. Je voulais devenir éducatrice spécialisée, j'avais réussi les tests, j'avais le niveau : mais pas le financement. J'ai dû me battre pour obtenir de quoi financer une formation d'aide-médico-psychologique.

Cette formation a changé ma vie. J'y ai rencontré Baptiste, qui est devenu l'un de mes meilleurs amis, un membre de la famille. Grâce à qui j'ai rencontré François, qui est mon compagnon depuis 2006 mon mari depuis 2009. Et grâce à Baptiste, j'ai rencontré la plupart de ceux qui sont ma vie, mes proches depuis 13 ans.

Dans un premier temps, ma génitrice a commencé par juger mon comportement immature et dangereux. J'avais quitté C, qui s'était avéré être plus attaché à mon cul qu'à moi, et qui ne m'aidait pas à retrouver la garde de mes enfants qui étaient en souffrance. Je les avais pourtant tous les week-ends et vacances avec moi, tous les soirs au téléphone, mais ils vivaient mal le quotidien avec leur père, pour différentes raisons notamment liées à la santé et l'emploi du temps de ce dernier.

Alors, que j'ose dire « je suis amoureuse », c'était juste une offense au mode de fonctionnement de cette famille : une famille où l'on se met en couple pour les aspects pratiques et les apparences.

J'ai tenu bon. Et mon Homme aussi. Un an après, mes enfants vivaient avec nous, et j'étais redevenue la mère de mes fils, je me sentais légitime d'être aimée, et d'aimer.

Ma génitrice est une jalouse, il fallait bien qu'elle trouve quelque-chose pour ternir le tableau.

Elle a pris son temps. En semant des rumeurs, des « tu sais ce que ton frère a dit ? », et à mes frères elle jouait sans doute le même numéro avec un « tu sais ce que ta sœur a dit ? »

Au début, on ne fait pas attention. Puis ça continue, alors on se pose des questions. On ne réalise pas tout de suite que la méfiance s'est installée partout, chez tous, et les rapports deviennent pourris, faux, et on le sent, tout en se répétant « je me trompe, c'est moi qui interprète mal »...

En 2010, ma fille est née. Un trésor. Et ma génitrice est venue tout de suite, elle avait l'air heureuse d'avoir enfin une petite fille après une ribambelle de petits-fils. Ma fille porte le prénom de ma génitrice en troisième prénom... Je croyais encore que ça pouvait lui montrer que je l'aimais, ma mère, et que je lui rendais hommage. Pour qu'elle vive aussi au travers de mon enfant, de ma fille. Comme j'ai eu tort.

Pour son baptême républicain, j'ai choisi mon frère, celui qui avait pris le plus de distance avec moi, pour devenir le parrain de ma fille : pour lui dire « tu es mon frère, on a des choses à construire, à partager, alors on s'y met »...

Quelques semaines après, mes problèmes de santé (aggravés depuis la naissance de ma fille) avaient encore dégénéré. Et le neurologue m'expliquait que ces troubles dont je souffrais étaient liés à mon enfance, il a prononcé les mots « traumatismes multiples » ; « séquelles », « dissociation », « pas de traitement miracle », « voir avec les autres spécialistes pour gérer les douleurs ». Je me suis effondrée. J'ai appelé ma mère. J'avais besoin qu'elle me rassure, me soutienne. Elle m'a craché à la figure un « je ne suis responsable de rien, tu n'avais qu'à parler », et a rajouté « ça n'est pas arrivé aussi souvent, c'est pas possible, alors tes médecins ils disent n'importe quoi » et puis elle a dit que « si quelque-chose est arrivé », je l'avais sans doute cherché et je devais « *au moins avoir dix-sept ans à ce moment-là* ». En quelques mots, elle m'a éventrée.

C'est là que j'ai décidé de couper les ponts. Je lui ai écrit une lettre, ou plutôt j'ai vomi sur papier toute l'horreur de sa posture. J'étais dans un état de stress, de détresse, de douleur, de rage… Je n'ai pas pensé à la date. Elle a reçu ma lettre le jour de son anniversaire. Alors elle a dit que je l'avais fait exprès, j'avais « calculé mon coup »… Elle a pleurniché à ses fils. Le plus vieux m'a traité « d'immonde saloperie ». Parce que le plus important n'était pas ce qu'il y avait dans ma lettre, qui aurait dû les faire réfléchir tous (ça s'adressait à elle, mais elle l'a montrée en pleurnichant). Non. Ce qui était mal, c'est qu'elle reçoive ma lettre le jour de son anniversaire. Chez ces gens-là, on se tient bien, on ne dit ou n'écrit des vérités qu'en dehors des jours festifs… Ils auraient dû dire ça à leur père quand il me violait à Noël, ou le jour de mes sept ans, ou le jour de mes quatorze ans, ou le jour de mes dix-huit ans… Dommage.

J'ai décidé d'écrire mon livre La *Parole*, parce que j'avais besoin de dire, de témoigner, d'analyser mon parcours, de dire que j'étais vivante malgré leur haine, leur déni, leur mépris.

A la sortie de mon livre, je n'ai pas eu de nouvelles de mes demi-frères ni de leur mère. Puis, le plus jeune de mes frères m'a fait savoir que ma génitrice avait lu mon livre, et qu'elle était déchirée, triste. Il m'a dit que lui-même avait du mal à gérer cette rupture familiale.

J'avais autre chose à faire que penser à eux que j'avais commencé à sortir de ma vie avec succès. Je militais pour offrir un peu de dignité aux exilés de Calais, ma fille avait 3 ans, donc elle avait besoin que je sois en forme, mes fils étaient à l'âge où tout est difficile, donc je n'avais pas besoin que cette famille revienne dans ma vie. Au bout de plus de dix-huit mois…

Mais comme je passe mon temps à me culpabiliser, je me suis dit que si ma génitrice avait vraiment lu mon livre, elle avait forcément compris, et que donc son déni avait dû disparaitre. J'imaginais qu'elle était en souffrance, dans le manque de la relation que nous aurions pu avoir elle et moi. En souffrance aussi parce que, dans mon esprit, une mère souffre quand elle réalise que son enfant souffre.

Je lui ai écrit. Elle est venue (presque 4 heures aller-retour), et nous avons beaucoup parlé. A   l'issue de cette entrevue, elle m'a laissé penser qu'elle était désolée de ne pas avoir su réagir, qu'elle reconnaissait ce que j'avais expliqué comme étant la vérité et qu'elle comprenait mieux avec certains détails. Elle a dit vouloir renouer des liens avec ses petits-enfants. Et j'y ai cru. C'est ça le pire, j'ai cru cette femme qui avait pourtant osé me dire « je ne suis responsable de rien »…

Je l'aimais ma mère. C'est ça qui m'est apparu. Pourtant, je n'ai rien en commun avec elle, ses idées étriquées, sa culture limitée, sa vantardise, sa vanité, son goût des ragots, son manque de pudeur, son manque d'humanisme,… Je n'ai jamais eu le sentiment de ressembler à cette femme. J'essayais de me convaincre que nous avions des points communs. Pour lui faire plaisir, et pour justifier à mes yeux le fait de continuer à entretenir un semblant de relation avec elle. Un semblant, oui. Parce que mes doutes n'ont jamais disparu, parce qu'il y a des choses qu'elle refusait de dire clairement, parce qu'elle continuait à rendre mon père responsable de tout, elle continuait à se comporter comme si elle n'avait rien à se reprocher, comme si rien n'était arrivé, comme si j'exagérais mes problèmes de santé, et chaque fois qu'elle appelait son mari ou ses fils au téléphone de chez moi, elle se mettait à l'écart, loin, de sorte que personne n'entende ce qu'elle disait.

Mais je l'aimais. Et l'amour rend aveugle, surtout l'amour pour une mère qu'on a prise pour une victime, une « maman courage »…

Le temps a fait son œuvre. Et petit à petit, son naturel est revenu. Les premiers à l'avoir perçu sont mon mari et le plus jeune de mes fils. La méfiance s'est réinstallée. Parce qu'elle passait son temps à critiquer son mari, ses fils, ses belles-filles, ses petits-fils… Au bout d'un moment, forcément, on se demande si elle fait la même chose avec tout le monde… Et on se souvient de ce qu'elle a été capable de dire comme à mon fils : « ta mère t'a abandonné quand tu étais petit »… On se souvient que c'est la même femme, et que donc, avec elle, rien n'est jamais vrai.

Mais l'amour. C'est une saloperie l'amour, surtout celui que l'on imagine devoir, celui qui serait « la reconnaissance du ventre ». C'est un amour malsain, quand il est à sens unique, endommagé jusqu'à la moelle, par cette mère qu'on imagine, qu'on rêve, qu'on voudrait.

Je l'ai tellement voulue ma mère, je voulais qu'elle soit fière de moi, qu'elle soit naturelle avec moi, même si elle ne l'était qu'avec moi. Elle me l'a laissé croire avec des « y'a qu'à toi que je peux parler de ça, toi tu me comprends »…

Elle a été un leurre, durant des semaines, des mois, des années. Un leurre. Pas une mère.

Elle a prétendu me soutenir quand j'ai lancé la pétition, elle l'a signée et partagée sur les réseaux sociaux. Elle disait que j'avais raison de me battre pour cette cause, et que ça me ferait du bien d'avoir une reconnaissance même au travers d'une pétition... Elle a dû penser que cette pétition serait un fiasco. Alors c'était facile de prétendre la soutenir.

Mais ce n'est pas un fiasco, c'est un évènement historique : jamais une pétition sur le sujet de la prescription des crimes sexuels sur mineurs n'a recueilli autant de signatures en France... Historique.

Quand le vent a tourné, pour des raisons que j'ignore toujours, elle m'a tenu un discours complètement opposé à celui qu'elle a eu durant 3 ans. Je suis redevenue la chose qu'il faut faire taire, celle qui « délire », celle qui veut faire du mal et salir une famille : sa famille. Sa famille... Encore un leurre, une blague sinistre qui piquera bien quand les masques tomberont.

Alors comme ça, en avril 2017 ma maman est redevenue la génitrice, le ventre qui a donné la vie malgré lui. Malgré elle, qui n'a jamais été faite pour être une mère. Une Mère.

Le principe de la famille inces-tueuse est de tout faire pour que la victime soit mise à l'écart, stigmatisée, dénigrée. Tous les moyens sont bons, parce que la seule chose qui compte est le résultat : taire le crime au mieux, le minimiser au pire.

Pour qu'une famille devienne inces-tueuse, il faut d'abord un pédocriminel qui va démolir un enfant de la famille. Ensuite, il faut un(e) conjoint(e) qui a intérêt à faire en sorte que le crime ne soit pas découvert (complicité passive ou active).

Dans mon cas, c'est donc ma génitrice qui a transformé l'inceste que j'ai vécu en enfer de toute une vie : en pervertissant mon vécu afin de se protéger, elle, des retombées, car elle savait, et n'a rien fait. Elle a donc toujours eu conscience des risques qu'aurait représenté une plainte contre mon agresseur : elle aurait elle-même été inquiétée par la justice et sa vie aujourd'hui serait bien différente.

Elle a commencé par me culpabiliser en me faisant porter le poids d'une décision que je n'étais pas en mesure de prendre, elle a parlé de l'avenir de mes petits frères qui serait ruiné si je parlais… Le chantage affectif. Elle a fait ça toute ma vie, utiliser le chantage affectif. Et le mensonge.

Car elle m'a toujours menti, et ça aujourd'hui j'en ai acquis la certitude. Que se soit sur sa rencontre avec mon père, les conditions de leur séparation, les raisons qui l'ont poussée à vivre avec celui qui est devenu mon beau-père et agresseur, les raisons de notre déménagement vers Marseille, les raisons pour lesquelles elle ne travaillait qu'au noir, les raisons pour lesquelles elle n'a jamais eu d'amis, les raisons pour lesquelles elle a toujours menti à tout le monde, les raisons pour lesquelles elle a toujours été une intrigante : sa jalousie maladive, et surtout sa perversité. Elle ne supporte pas le bonheur des autres. Et comme elle n'est pas très intelligente, plutôt que de construire du beau, elle s'est vautrée dans son malheur pour en salir tout le monde, d'une manière ou d'une autre.

Pour être « bien » avec elle, il suffit de la flatter, de lui dire qu'elle est forte et courageuse cette « mère courage », lui dire qu'elle est bien conservée, bien coiffée, qu'elle est cultivée, qu'elle n'est pas ordinaire… La flatter, la vanter. Toujours être d'accord avec elle. Et elle vous met sur un piédestal. Mais ayez l'audace de lui dire qu'elle a tort, ayez l'audace de ne pas céder à son chantage affectif, et alors son visage devient monstrueux, fermé, sombre et elle vous regarde avec un air menaçant qui vous promet le pire. Et elle est capable du pire.

Mais c'est aussi la « maman » de ces demi-frères qui ont grandi eux aussi bercés par les mensonges de cette femme, et dont ils ne gardent que les souvenirs des violences qu'elle a subies. Alors pour eux, c'est juste une pauvre vieille qui a souffert, et qui est triste d'avoir une fille méchante et mythomane. Mythomane par périodes… car il y a un peu plus de dix-huit mois, elle cherchait à ce que mes demi-frères me soutiennent, me comprennent, parce que quand même, avec ce que j'ai vécu, ce n'était pas facile pour moi… Ils ne l'ont pas suivie sur cette voie, parce que ma famille inces-tueuse ce sont aussi ces frères qui préfèrent la mort d'une sœur à l'idée de se mouiller un peu pour la soutenir, parce que leur nom est plus important, leur confort vaut plus que la vie d'une sœur. Alors ils sont lâches, méprisants, mal aimants, juges à charge, et surtout ils ne sont capables d'aucune objectivité, d'aucun recul, d'aucune lucidité, d'aucun bon sens.

La famille inces-tueuse est comme une toile d'araignée géante qui se tisse lentement autour d'une proie tentant de survivre. La toile finit par emprisonner sa victime qui n'a plus qu'une envie : mourir. Parce que passer des années à être dénigrée, mal aimée, rejetée, insultée, accusée de mentir quand on se souvient dans sa chair de toute la douleur, il s'agit d'une mort lente… On ne vit pas, on n'est pas soi-même, on survit, on espère de toutes ses forces qu'ils vont comprendre, qu'ils vont voir, reconnaître cette souffrance et y réfléchir pour regarder la vérité sous un autre angle que celui que « maman » a mis en avant pendant des décennies. Mais ça n'arrive pas. Jamais. Je l'ai compris, douloureusement, ça n'arrivera pas parce que je ne suis rien pour eux, ni une fille, ni une sœur, à la limite, la seule chose que je puisse être pour eux : un problème. Et quand on a un problème dont la seule solution est sa disparition, alors on le fait disparaître.

J'ai toujours du mal avec cette manière d'être, je ne la conçois pas, tellement ça m'est étranger. Mais j'en souffre. Parce que c'est une aberration, une injustice, un assassinat silencieux et lent.

Cette « famille » m'a volé une vie, et c'est moi qui devrais m'excuser d'être en souffrance.

Une famille inces-tueuse est une famille qui protège un pédocriminel, qui stigmatise une victime, et qui donc entretient le crime de manière générationnelle, à coups de secrets de famille, de paroles de trop, à force de minimiser les actes commis par un violeur d'enfant qu'on appelle « pauvre grand-père », à force de clamer que la victime est juste une exagératrice qui n'a pas mieux à faire que de détruire la famille…

Et dans ces familles-là, on reproduit. Et c'est comme ça que j'ai découvert que l'un des jeunes adultes de la famille est poursuivi pour le viol d'un enfant de dix ans… Je ne crois pas au hasard. Je suis peut-être paranoïaque, mais ce jeune adulte a souvent été en contact avec mon agresseur. Il a pu être agressé lui-même et ne pas s'en souvenir (mémoire traumatique), il a pu aussi entendre tellement de saletés à mon sujet qu'il a pu penser que finalement, c'est la victime qui morfle… Et le violeur lui est plaint et mis sur un piédestal…

Quatre millions de victimes d'inceste. Quatre millions de familles potentiellement inces-tueuses. Combien de suicides sont des conséquences de cette pression familiale pour qu'un pédocriminel dorme tranquille et que le nom de famille d'individus médiocres et formatés semble « propre » ? Combien d'agresseurs potentiels en liberté ?

De combien de cas de récidives sont coupables ces familles inces-tueuses qui se posent en victimes tandis que les victimes sont qualifiées de « mythomanes », ou accusées d'être des génies du mal à l'affût du moindre mot qui pourrait faire souffrir toute une famille…

Les familles inces-teuses sont des fléaux au même titre que les pédocriminels, car elles empêchent le dépôt de plainte et entretiennent un mal-être qui, sur des décennies, contribue amplement à dégrader la santé ainsi que la vie sociale et familiale des victimes survivantes du crime le plus odieux qui puisse être commis sur un enfant.

L'inceste, un crime particulier.

Si le viol d'un enfant par un inconnu est un acte insupportable d'une cruauté qu'il faut dénoncer, juger et condamner sans que jamais les pédocriminels ne puissent passer au travers des mailles du filet, l'inceste est un crime qui devrait faire l'objet d'un traitement spécifique aussi bien sur le plan judiciaire que de la prise en charge médicale.

L'inceste est un crime sournois qui démolit tous les repères de l'enfant, pire, qui, quand les violences commencent très tôt, empêche même la construction des repères essentiels à grandir, à se construire. Ce crime empêche de se sentir en sécurité au sein de son foyer qui devrait pourtant être le havre de paix protecteur de tout enfant. Il empêche d'établir des connexions familiales saines, qui permettent de construire des liens solides, des repères affectifs. Il empêche de suivre une scolarité normale et / ou de s'intégrer dans la société : parce que la relation aux autres, à tous les autres, est faussée, et l'image de l'autorité est complètement fracassée. Je suis complètement allergique à toute forme d'autoritarisme, et j'ai toujours énormément de mal à me plier à des règles, à des normes. Une sorte d'allergie, comme quand on a été trop en contact avec un élément allergène et qu'à un moment donné, on ne le supporte plus physiquement : j'en suis là, physiquement, je ne supporte plus l'excès d'autorité qui m'épuise et me rend malade.

C'est un crime qui s'attaque à une personne en devenir, en l'isolant totalement de la normalité, en la noyant dans une situation aliénante à laquelle elle ne survit qu'au prix d'une fêlure de l'âme qui persiste dans le temps, qui s'accentue même avec lui. Cet isolement est un frein à l'épanouissement, tout au long de la vie, parce que même lorsque l'on a réussi à en parler, il persiste une solitude qui est celle du souvenir : on est seul à porter les souvenirs d'actes de tortures dont on peut se remémorer chaque détail avec une douleur aussi intense qu'au moment où c'est arrivé. Quelques-fois, la douleur est pire avec le temps, c'est-à-dire avec la prise de conscience de ce qu'il nous est vraiment arrivé : non, nous n'avons pas seulement été agressés sexuellement, non le viol d'un enfant ne ressemble pas au viol d'un adulte : parce qu'un enfant n'a pas de notion de sexualité, un enfant ne sait pas qu'on le viole, un enfant a peur, a mal, est choqué, mais un enfant ne comprend pas que l'adulte qui l'agresse commet un acte caractérisé comme « sexuel ». Alors, quand cet acte incompréhensible et douloureux est commis par un adulte que l'on appelle « papa », ou « maman », ou « tonton », ou « papy » : c'est tout le développement psychoaffectif de l'enfant qui est mis à sac.

L'inceste, ce sont des actes barbares commis sur des enfants de manière régulière, et ces actes peuvent durer des mois, des années. Au point qu'il est impossible de pouvoir dire combien de fois on a été « violé »… Dans mon cas, ce nombre est égal à des milliers. Et le seul fait de l'écrire me semble impossible. Mais quatorze années, je sais que j'ai subi des viols quasiment tous les soirs entre mes douze ans et mes dix-huit ans : soit environ deux mille fois, et entre mes quatre ans et demi et mes douze ans, c'était plusieurs fois par semaine (pour moi, le repère semaine était dans les jours d'école). Presque huit ans, à raison de plusieurs fois par semaine donc… Combien de fois ai-je été violée ? Trois mille fois ? Plus ? Et dans ces lignes, l'inhumanité prend toute son ampleur. Quel individu peut commettre de tels

102

actes ? Quelle personne pourrait y survivre sans conséquences désastreuses sur sa santé physique et mentale ?

Mais comme je l'évoquais dans le chapitre précédent, on n'est pas tiré d'affaire une fois que ces tortures prennent fin. Ensuite, si les agressions physiques disparaissent, il persiste une forme d'état d'agression constant dans le déni, dans la pression familiale, dans la manipulation exercée par un ou plusieurs membres de la famille. La victime ne peut jamais vraiment sortir la tête de l'eau, retrouver son souffle et se réparer. Il faut du temps, beaucoup de temps. Un temps qu'il n'est pas possible de généraliser à toutes les victimes, car il est spécifique à chaque vécu.

Je ne suis même pas certaine qu'un jour, je pourrai dire que je vais « bien ». Je peux aller mieux, mais après autant d'années de souffrances, de doutes, de traumatismes, d'abandons, d'humiliations, de dépressions, de séquelles physiques, de solitude : je vis toujours ce sentiment de ne pas appartenir au vivant, j'ai toujours une impression étrange, comme si le monde qui m'entoure n'était pas réel. Je dis souvent : « Je ne suis pas de ce monde ». Même si je le dis en souriant, je le ressens vraiment. Et plus le temps passe, moins j'arrive à savoir où est ma place. J'ai le sentiment d'un manque épouvantable, le manque de ma propre vie, on m'a volé une vie, des possibles, ma santé et le peu que j'ai réussi à construire se voit fragilisé par mon état de nerfs, ma santé… Rien n'est acquis, c'est ce que j'ai appris lorsque mon état s'est à nouveau dégradé en 2015, le mieux que j'avais trouvé à trente-quatre ans, je l'ai perdu à quarante-trois. Si je vais mieux dans six mois, dans un an, serai-je pour autant en sécurité ?

Avoir été incestuée a fait de moi une personne hyper sensible, hyper réactive, hyper vulnérable. Une personne en état de vigilance et d'anxiété permanente, et constamment à la recherche de relations vraies dans une société prônant les apparences et le chacun pour soi. Je ne connais que très peu de gens qui me voient et m'apprécient telle que je suis, sans que j'aie besoin de jouer un rôle. Ce que je suis dérange, je suis le reflet d'un crime que les gens normaux refusent même d'imaginer tellement il est abject, et que les gens malsains aiment entendre seulement dans l'aspect pathos par pur voyeurisme. Quand aux pédocriminels, et autres complices (conscients de l'être ou pas), je suis comme un moustique qu'il faut écraser, quelque-chose d'insignifiant qui peut quand même leur occasionner quelques désagréments.

L'inceste est la destruction d'une personne, un assassinat qui passe inaperçu parce que l'enfant continue de respirer, même de sourire… Mais nous sommes des millions à avoir été des coquilles vides, et nous tentons du mieux que nous pouvons de remplir cette coquille de choses que nous croyons être la vie. Sauf que pour y parvenir, encore faut-il réussir à fabriquer de nouveaux repères, être soutenu, être accompagné par un psychiatre compétent pour cette spécificité (c'est loin d'être si facile à trouver) et, idéalement, nous devrions pouvoir obtenir une reconnaissance de notre statut de personnes survivantes de l'inceste, pour avoir enfin le droit de redresser la tête sans avoir honte de passer pour des coupables. Parce que nous ne sommes jamais coupables.

Je n'ai pas choisi. Rien de ce que j'ai subi, je ne l'ai choisi.

Mémoire traumatique, dissociation

… Mais c'est quoi ?

L'un des prétextes qui a servi à ma génitrice pour prétendre que « je fais du cinéma », c'est que pendant des années, j'allais mieux. Même si j'ai toujours eu une santé fragile, des problèmes articulaires, gynécologiques, dermatologiques, respiratoire et même cardiaque, des troubles neurologiques… Pour tout le monde, le fait que je mène en apparence une vie normale était une preuve que j'allais bien et que donc, ce que je dis avoir subi ne peut pas être si grave que ça.

Pourtant, je jure que toute ma vie, pour avoir l'air normal, pour avoir un emploi, des relations sociales, familiales et même amoureuses : il fallait que je fasse d'énormes efforts, que je lutte contre l'angoisse, le sentiment de ne jamais être à ma place.

Je me suis toujours sentie coupable d'exister.

En 2015, j'ai vécu clairement ce que l'on appelle le phénomène de mémoire traumatique. Même si je n'ai pas fait d'amnésie concernant l'ensemble des faits que j'ai subis, certains actes, certaines scènes étaient flous, confus. D'autres s'étaient tout simplement nichés dans un recoin de mon cerveau. Ces souvenirs-là, provoquaient une anxiété que je ne savais pas expliquer puisque je ne me souvenais pas, c'était plutôt un ressenti, une impression de danger imminent, voire de mort imminente.

Ma fille a eu cinq ans, et là, le pire a démarré. Quand je la douchais, j'avais des visions infernales, c'était mon corps qu'on agressait, c'était des odeurs, des douleurs, des terreurs qui remontaient comme un tsunami intérieur. Il fallait faire bonne figure devant ma fille, mais parfois j'étais paralysée, je sortais de la salle de bain en lui demandant de se débrouiller seule.

Puis, je me suis mise à ne plus me voir dans le miroir : je voyais le visage de ce monstre, mon beau-père, et j'entendais sa voix. Et ça me rendait folle.

J'ai commencé à douter du fait qu'il soit mort. Alors la nuit, je déambulais dans l'appartement, vérifiant des dizaines de fois que la porte d'entrée était fermée, vérifiant que ma fille dormait tranquille à l'abri du danger. Il m'est arrivé de me promener la nuit dans l'appartement avec un couteau à la main, pour le tuer s'il venait. Pourtant, il était mort, on me le répétait, ma génitrice m'avait même fait parvenir son acte de décès.

Par moments, je le voyais, vraiment, en face de moi. Alors je le frappais, pieds, poings, tête : et l'on me retrouvait inconsciente, blessée, couverte d'hématomes.

D'autres fois, je prenais la fuite. Une nuit, je suis partie, comme téléguidée, je ne savais pas où j'allais mais il fallait que je parte, que je débarrasse le monde du problème : de moi. Mon mari m'a retrouvé errant sur une route de campagne sans éclairage, un coup de chance qu'il ait pris la bonne direction quand il s'est rendu compte que je n'étais plus là.

Quand ma génitrice m'a harcelée avec son dernier mari, je me suis tailladée la main avec un cutter, sans m'en rendre compte. Je crois qu'inconsciemment, j'essayais de me faire mal pour me prouver que j'étais vivante. Le sang qui coulait de ma main, c'est tout ce dont je me souviens, et cette image me rassurait.

Avant ça, je m'étais déchiré la peau du bras avec la pointe d'une pince à épiler, en pleine nuit dans la salle de bain, je n'en ai aucun souvenir à part les cicatrices.

J'ai fait ce que l'on appelle des crises de dissociation avec dépersonnalisation et déréalisation :

Je savais que j'étais chez moi, tout en ne reconnaissant pas l'endroit, j'avais l'impression d'être dans une cage de verre, de ne pas être vue ni entendue, et je voyais mon corps faire des choses que je ne voulais pas. Il se débattait, il avait peur. Mon corps voulait mourir.

Je confondais le temps, je ne savais plus quand j'étais. Je croyais que me fille était moi. J'ai même pris mon mari pour mon bourreau. Je ne savais plus rien. Je ne savais même plus si j'étais vraiment en vie.

Je comparerais cette expérience à une sorte de purgatoire, où l'on revit le pire de l'existence, où l'on souffre perpétuellement.

Aujourd'hui, à part ces souvenirs, les trois années qui viennent de s'écouler sont comme une parenthèse dans ma vie. Je ne me souviens de quasiment rien, c'est comme si je n'étais pas là. D'ailleurs mon mari me le dit « mais tu n'étais pas là »…

Ce qui a déclenché ce Syndrome de Stress Post Traumatique et ces crises de dissociation, c'est le fait de voir ma fille grandir, atteindre un âge que je n'ai jamais eu. J'ai bien passé les étapes des ans, mais je n'étais plus vivante, je n'étais plus une enfant, je n'étais qu'une poupée de chiffon, un sex-toy.

En voyant le corps de ma fille, j'ai pris conscience de la barbarie, les actes me sont réapparus, clairs, douloureux, immondes. Et je les ai revécus chaque jour, chaque nuit.

Et ça m'arrive encore.

J'ai eu la chance à ce moment-là d'avoir un mari exceptionnel, des enfants hors du commun et quelques amis fantastiques. Mon médecin et mon psychiatre ont fait un travail remarquable.

Je ne suis pas guérie. Je vis toujours avec la peur, avec des visions d'horreur, j'ai toujours peur de m'endormir. Mais ça s'estompe. Peu à peu.

Le problème, c'est que j'ai compris que ça peut recommencer : un événement traumatique, un accident, une maladie, ou simplement le corps de ma fille qui va changer. Elle me ressemble, alors l'effet miroir est douloureux.

C'est contre ce phénomène que je dois lutter, je dois rester vigilante en permanence, à chaque signe de fatigue, de stress, je dois redoubler de vigilance et me concentrer sur cette idée simple : c'est fini, il ne peut plus rien arriver.

Bien entendu, cette période aurait été moins douloureuse, moins compliquée, si ma génitrice n'en avait pas profité pour tout faire pour me démolir. Tout en prétendant m'aider au début.

Elle a fait semblant de me soutenir, elle a joué le rôle d'une mère. Pour mieux me pousser au suicide, pour mieux tenter de briser mon mariage, détourner mes fils de moi. Mais cette vieille folle monstrueuse ne savait pas que mon mari et mes fils m'aiment d'un amour qu'elle ne connaitra jamais.

Elle a aussi essayé de semer le trouble parmi mes amis proches : elle n'a pas d'ami, elle ne sait pas qu'un ami est une personne qui sait, aime, comprend. Elle ne sait rien de la confiance, de l'abnégation, de l'amour ni de l'amitié. Alors elle a échoué à me tuer, grâce à l'amour des autres, elle qui ne m'a jamais rien offert d'autre que du mépris, de la jalousie, de la douleur, de la crasse.

J'ai quarante-sept ans, je n'ai jamais eu de mère. Mes séquelles traumatiques se sont réveillées quand j'avais quarante-cinq ans, je n'en suis pas sortie. Ma mémoire se réveille encore parfois, c'est comme d'être violée à nouveau, être torturée à nouveau et être terrifiée, paralysée. Une enfant de cinq ans dans le corps d'une femme de quarante-sept.

Alors quand je regarde dans le miroir, je me demande qui je suis. Ce que je fais là, pourquoi je ne suis pas morte, ou est-ce que je suis vraiment en vie.

Quand je dois vivre un quotidien ordinaire avec ces images, ces odeurs, ces sensations, des frayeurs, c'est épuisant, parce que je ne peux pas imposer cet état à mes proches, et les moins proches ne veulent surtout pas voir quelqu'un qui va mal, qui a envie de pleurer et de hurler.

Alors, je fais semblant. Je fais croire que je vais mieux, bien, et chaque jour je me demande comment je vais finir par me suicider le jour où ce sera impossible de continuer comme ça.

Alors je me sens honteuse, coupable. Parce que justement : il y a mes enfants, mon mari, mes amis. Et ça ne se fait pas, de se suicider quand, vu des autres, on a tout pour être heureux…

Mon cerveau ne connaît pas de répit.

Mais la loi, la justice, se fichent de ce phénomène de mémoire traumatique. Les violeurs d'enfants ont le droit à l'oubli. Moi, je n'ai le droit que de me taire, de prendre des médicaments pour « supporter tout ça ». Je mourrai sans doute en me souvenant du pire. Peut-être même à cause de tout ça. Peut-être que dans une énième crise de dissociation je me tuerai sans même m'en rendre compte. En janvier 2018, ma chute aurait pu me tuer.

Être incestuée, c'est ça aussi : la douleur, le doute, la peur, la mémoire, à perpétuité.

Aimer ?

Quarante-sept ans, et je réalise que tous mes repères sont faussés, en particulier celui de l'amour. C'est quoi l'amour, c'est quoi aimer ? Ma génitrice me l'a dit plusieurs fois « je t'aime ma fifille »… Pourtant, de toute évidence, ce n'était pas vrai. Le pédocriminel qui me violait me répétait « je t'aime, je te fais l'amour ». Mes pseudo petits frères aussi m'ont parfois dit qu'ils m'aimaient, le plus âgé beaucoup moins que l'autre, mais quand même. Pourtant, il a suffi que j'ose dénoncer le caractère égoïste et aliénant de ce qu'ils me faisaient subir en me contraignant au silence pour que je ne sois plus qu'une merde sur laquelle la chasse d'eau a vite été tirée. Je suis la moitié de sœur qu'on ne saurait aimer.

Mon premier amoureux disait m'aimer, pourtant quand je l'ai quitté parce que, manipulée, j'avais la trouille qu'il m'abandonne, il ne s'est pas battu pour me garder.

Un autre amoureux qui disait être incapable de respirer sans moi m'a laissée me marier avec celui qui est devenu le père de mes fils. Il savait que c'était un mariage en toc, que je ne souhaitais pas. Il m'avait promis de ne pas laisser faire. Il n'est pas venu m'empêcher de me marier. Il a seulement continué à me promettre qu'un jour on serait tous les deux…

Le père de mes fils disait ne pas m'aimer, mais on avait un arrangement, qui était de nous permettre mutuellement de sauvegarder les apparences auprès de nos familles respectives, et on était supposé être des amis, des vrais. Mais on s'est mariés. On a si bien joué la comédie que finalement ça lui a plu, et il a décidé qu'on était fait l'un pour l'autre. Un jour il m'a dit « tu vois bien qu'on s'aime, tout va bien entre nous »…On s'est marié. Un an après, c'était déjà fini. On se supportait. On se jouait la comédie après l'avoir jouée aux autres. Mon second fils est né, et là ça a été terminé. Plus de couple. On a continué à faire semblant, mais ça nous a rendu tous les deux encore plus malades, dépressifs, instables. Il disait m'aimer pourtant. Je crois qu'il ne savait pas faire la différence entre un couple et des amis. Il n'a jamais eu de vie affective stable, après moi les femmes ont défilé dans sa vie, à chaque fois, ça s'est mal fini.

J'ai eu un compagnon de quatorze ans de plus que moi. Il avait promis de tout faire pour me rendre heureuse, il disait qu'il m'aimait. En fait, il aimait le fait que je sois plus jeune et plutôt bien roulée. Docile, parce que j'étais en souffrance, que c'était juste après une période particulièrement pénible de ma vie, et que j'étais dépendante de lui et il le savait.

Mon premier amoureux ? Je l'ai aimé, vraiment, et je peux même avouer que je garde pour lui une immense affection, je suis fière de l'homme qu'il est devenu parce qu'il n'était pas parti gagnant avec, lui aussi des parents défaillants, des repères en vrac. « On a fait ce qu'on a pu », a-t-il l'habitude de dire, et c'est vrai. Longtemps, je lui en ai voulu, je lui ai trouvé mille défauts pour me convaincre que j'avais bien fait de le quitter. En réalité, je l'ai quitté parce que j'avais la trouille, j'étais fragile, j'avais peur qu'il m'abandonne. On m'a menti, pour que je le quitte. J'ai choisi la facilité. Dire que je le regrette serait comme dire que je regrette tout ce qui a suivi qui ne serait pas arrivé si nous étions restés ensemble. Mais la vérité, c'est qu'en d'autres circonstances, nous serions restés ensemble et nous aurions sans doute réussi à faire ce qui nous tenait à cœur à tous les deux : fonder un foyer. Alors non, je ne regrette pas, mais je sais que c'est en partie à cause des rapports malsains que j'étais contrainte d'entretenir avec « ma famille » que je l'ai quitté et que j'ai ensuite eu beaucoup de mal à vivre une relation de couple sereine et saine.

Les autres hommes de ma vie, je les ai donc ensuite gardés secrets. Parce que justement, je ne voulais plus qu'on cherche à m'influencer dans mes choix.

Le père de mes fils… Je l'aimais, comme on aime un Ami. On aurait dû rester des amis. Mais je n'aurais pas eu mes fils. Sa mort a été une vraie blessure pour moi, une prise de conscience aussi sur le fait que j'avais une très grande affection pour lui, qui comptait dans ma vie, pas seulement dans celle de mes fils. Mais quand nous étions ensemble, je ne savais pas aimer, je ne voulais pas être aimée en fait. C'était trop douloureux.

Mon mari, le père de ma fille a été une révélation, l'Amour, le truc qui ne s'explique pas, qui est là, qui fait qu'on se sent en vie, vraiment, et qu'on se sent fort, des possibilités, des envies, de la joie.

Mais depuis que j'ai compris que ma génitrice ne m'aime pas, depuis que j'ai compris que toutes mes relations d'amour, avec tous mes proches, ont été perverties par mon « éducation », par des gens malades, pervers, égoïstes, opportunistes… Je doute de l'amour de mon mari, de l'amour que j'ai pour lui.

C'est-à-dire que je ne sais plus si je l'ai aimé *moi*, ou si c'est la marionnette que j'étais qui est tombée amoureuse, ou si encore j'ai vu en lui une sortie de secours, ou si j'ai été influencée par ses mots, son amour à lui. Est-ce que j'ai suivi parce qu'il m'a aimée ? Est-ce que je l'ai aimé naturellement ?

Pire. Est-ce que je l'aime encore ? Je suis tellement fracassée au fond de moi que je ne sais plus du tout, ce qui est, ce qui n'est pas.

Pire encore. Et mes enfants ? Est-ce que j'aime mes enfants ? Tout porte à croire que oui. Pourtant, quand j'ai envie de mourir je leur en veux, parce que je n'ai pas le droit de me tuer pour ne pas leur faire de mal. Est-ce que j'ai vraiment choisi d'avoir mes enfants ? Oui. J'ai dû suivre des traitements médicaux pour être enceinte, pour les trois. Mais pourquoi ai-je voulu des enfants ? Le premier, parce que je voulais une personne à aimer, qui m'aimerait, une personne neuve, un lien avec le réel. Devenir maman c'était comme exister enfin pour quelqu'un. J'ai voulu le second qui est arrivé très vite (dix-huit mois après le premier), parce que j'avais compris que je fonçais droit vers le divorce, je ne voulais pas que mon fils grandisse seul, je voulais lui offrir quelque-chose de fort, une chose dont je me souvenais : l'amour fraternel. Je me souvenais de ces petits frères qui étaient tout pour moi. Je voulais que mon fils ait un petit frère, et que tous les deux partagent des moments de vie, se fabriquent des souvenirs. Je ne pensais pas avoir de troisième enfant. Quand mon mari m'a fait part de son envie de bébé, je m'apprêtais à me faire poser un implant contraceptif pour être tranquille. Alors j'ai vu le médecin, rapidement nouveau traitement, plusieurs fausses couches, mon quotidien est devenu douloureux. J'allais abandonner quand j'ai su que j'étais enceinte et que, cette fois, tout allait bien.

Je crois que j'aime mes enfants, ce dont je doute c'est le fait de les avoir vraiment voulus pour les bonnes raisons.

Le premier était un moyen de me garder en vie, le second un moyen de créer un nid, une famille. La troisième parce que je ne me voyais pas refuser à mon second mari plus jeune que moi de devenir papa.

Evidemment, j'ai été heureuse d'être enceinte, de porter mes bébés, de les voir grandir, je suis fière de ce qu'ils sont devenus pour les grands, et du chemin que prend la petite dernière.

Alors pourquoi est-ce que je me sens si seule ? Vide ?

C'est quoi l'amour ? Est-ce que justement ça ne comble pas ce vide glacial qui existe en chaque personne brisée ? Pourquoi ai-je ce sentiment insupportable de n'aimer personne vraiment puisque l'amour n'est qu'un mot, une illusion, quelque-chose de douloureux qui finit toujours par créer un manque… Quand on s'aperçoit que l'autre a menti. Quand les enfants adultes s'éloignent. Quand on ne s'aime pas soi-même, peut-on aimer quelqu'un d'autre vraiment ?

Je ne sais plus. Il y a six ans en arrière, j'avais des certitudes. Aujourd'hui je ne sais plus, je cherche à comprendre quelle partie de moi aime ou déteste, quelle partie de moi est en vie, laquelle est morte. Je cherche à survivre parce que j'ai compris que personne ne voulait que je vienne au monde. Personne n'a souhaité m'aimer, moi, le bébé du 6 novembre 1971.

Ma vie aurait-elle été différente si mes parents m'avaient désirée ?

Aurait-elle été heureuse si je n'avais pas quitté celui qui m'a permis de sortir de l'enfer quand j'avais dix-huit ans ?

Aurais-je pu guérir de mes traumatismes si ma génitrice avait montré un peu d'amour, de soutien, de bienveillance au lieu de me livrer à moi-même ?

Aurais-je rechuté aux cinq ans de ma fille si j'avais empêché ma génitrice de revenir dans ma vie alors que j'avais réussi à l'en sortir trois ans plus tôt ?

Je ne sais pas aimer, j'en suis convaincue. Je crois que ça ne veut pas dire que je n'aime pas, mais ça veut dire que mes sentiments, comme mes repères, sont confus, dispersés.

Je suis toujours une coquille vide, je me maquille, je prends soin de moi en apparences, je souris, je fais des efforts pour participer. Des efforts... Mais la seule chose dont je crois avoir besoin est d'être réellement, physiquement enfermée dans ce placard noir, livrée à moi-même, en vrac, et qu'à force de lutter il en sortira peut-être une personne entière, ou un vrai cadavre.

Je crois qu'en réalité, ce qui me terrifie le plus, c'est que tout le monde se rende compte que je suis un monstre façonné par des monstres, et que chacun se détourne de moi pour me laisser avec tout l'amour que je n'ai jamais eu, tout celui que j'ai donné à tort, tout celui que j'ai mal donné, tout celui que je n'ai pas su prendre.

Façonnée par des monstres.

On m'a souvent dit que mon beau-père n'était pas un monstre, seulement un homme, sans doute malade, un homme qui aurait dû être contraint d'assumer ses actes.

Je ne suis pas d'accord avec ça, un homme, c'est un être humain. Un être avec une conscience, une empathie, de la compassion… D n'était pas un homme mais un monstre pervers, manipulateur, sadique, qui me faisait du mal parce qu'il aimait ça. Il ne s'agissait pas de pulsions ou d'une maladie. Il était foncièrement mauvais, menteur, violent, abject. Il était écœurant, au point qu'il était physiquement monstrueux, jusque dans son regard.

C'est une chose que je sais depuis toujours. J'ai souvent ressenti qu'il était ce que l'on pourrait appeler « le mal incarné ». Quelque-chose d'inconcevable.

Pour ma génitrice, c'est différent. Toute ma vie j'ai tenté de la croire innocente. A priori, elle était aussi une victime, puisqu'elle était battue. Donc je ne pouvais pas concevoir que *ma mère* soit autre chose qu'une pauvre femme accablée par une vie difficile qui avait commencé avec mon père. Je croyais ce qu'elle me disait, pourquoi aurais-je douté de sa parole ? C'était ma maman. Une maman, c'est un refuge, c'est beau, c'est la douceur, c'est un appui, et surtout, c'est la confiance. L'amour. Tout ce que je viens de citer ne s'applique pas à celle qui n'a été pour moi qu'une génitrice, un ventre. Je crois que c'est la chose la plus déstabilisante que j'ai eue à apprendre, à admettre. Cette femme est perfide, mauvaise, menteuse, manipulatrice, et chose que j'ai également eue du mal à admettre, aussi crasseuse intellectuellement que D, aussi violente et ordurière qu'il l'était. Alors j'ai réfléchi, après avoir discuté avec des personnes qui la connaissent depuis longtemps, voire d'avant ma naissance parfois. J'ai d'abord imaginé qu'elle est devenue comme ça parce qu'elle vivait avec D dont elle avait adopté les travers. Parce qu'au fond de moi, j'avais besoin qu'elle reste innocente, toujours la victime du même monstre que moi. D'une certaine manière, cela me rassurait, m'apaisait de l'imaginer. Alors je me disais que son attitude envers moi, le fait qu'elle fasse en sorte que je ne porte pas plainte, le fait de me faire partir plutôt que de le faire arrêter, tout ça était la conséquence de sa faiblesse. En réalité, elle était avec lui parce qu'elle lui ressemblait, et se complaisait autant que lui dans la crasse, la grossièreté, les comportements déviants.

Imaginez le choc que représente cette prise de conscience, à l'aube de mes quarante-six ans, sur le fait que cette femme est également monstrueuse, et que toute ma vie, elle m'a utilisée, manipulée, gardée enfermée dans le mensonge pour m'isoler, et ne jamais avoir à s'expliquer à la fois sur ce que j'ai vécu, ni sur ce qu'elle a fait.

Cette femme a protégé le monstre qui a torturé son enfant. Pire, elle a poussé son enfant au suicide, à la folie. Ce n'est pas une femme, encore moins une mère. C'est un monstre. Elle était jolie étant jeune, en vieillissant son visage reflète sa véritable personnalité, sa vilénie, sa jalousie, et surtout sa méchanceté. Elle est méchante, et il a fallu que je sois au bord du suicide pour m'en rendre compte. Ce sont ses derniers mensonges, ses derniers actes de harcèlement qui ont mis en évidence ce qu'elle est. Mon psychiatre me le disait souvent, quand je lui parlais de la manière dont « ma mère » agissait avec moi depuis qu'elle a prétendu avoir appris *par hasard* ce que son mari me faisait, que cette femme est perverse et manipulatrice. Je n'arrivais pas à le croire. Je refusais de le croire. Mais mes proches me le disaient, ceux qui ont eu le déplaisir de la connaître, me disaient que cette femme mentait, était méchante, et qu'elle ne se préoccupait que d'elle. Une personne de la famille m'a dit « on l'imaginait un peu bohème, alors on passait sur le fait qu'elle était négligée, que chez vous c'était sale souvent »… Bohème, c'était ce que ces deux monstres voulaient laisser croire. C'était pratique de se prétendre « artiste », « bohème » … C'est une chose qui permettait de ne pas aborder les principes de responsabilités, d'éducation, de travail.

Quarante-six ans. Quand à cet âge-là vous comprenez qu'on vous a menti toute votre vie, que vous avez été manipulé toute votre vie, alors tous vos repères s'effondrent. Tout ce que vous pensiez être normal, naturel, tout ce que vous imaginiez acquis, tout implose en vous, et vous laisse le cœur et le ventre béants, l'esprit en vrac.

Depuis plusieurs mois, je tente désespérément de trouver de nouveau repères, de comprendre qui je suis, ou plutôt qui j'aurais dû être si je n'avais pas été soumise à une telle pression, si tous mes actes n'avaient été guidés par les soucis de ne pas déplaire à ma génitrice, de ne pas faire de vague pour le bien-être de ses fils. Qui suis-je ?

Toutes mes valeurs ont été façonnées par des monstres, toute mon éducation repose sur le mensonge, la violence, le mépris. Est-ce pour cette raison que je manque de confiance en moi ? Sans aucun doute, parce que toute ma vie j'ai été contrainte d'étouffer mon instinct pour me plier aux exigences de cette famille inces-tueuse. J'ai été tellement, humiliée, rabaissée, que je n'ai jamais osé faire des choses simples comme passer mon permis de conduire : la peur d'échouer et d'être une fois de plus écrasée du talon, montrée du doigt comme celle qui n'est rien, qui ne vaut rien, qui donc ne peut rien réussir. J'ai essayé pourtant, mais il suffisait que le moniteur soit un peu trop stressant et j'avais envie de planter la voiture dans un mur pour qu'au moins ce soit clair : je ne suis pas capable. C'est pour les mêmes raisons que je n'ai jamais su garder un emploi : une réflexion négative sans importance me rendait malade et honteuse, et j'avais peur de décevoir mes collègues, mes supérieurs. J'ai été conditionnée pour être celle qui s'écrase, ne dit rien, accepte, porte la responsabilité de tout et de tous, subit surtout, et : ne dénonce pas, ne se révolte pas contre les ordures qui ont ravagé ma vie.

D est mort. Bien fait.

Ma génitrice est toujours bien vivante, elle a empoisonné l'esprit de ses fils, de ses petits-fils, et elle continue de manipuler toute sa famille en mentant à tout le monde. Elle est très forte. Ses mensonges sont toujours appuyés par un fait, une parole ou un acte anodin, qu'elle va intégrer dans des petites phrases assassines, à petite dose mais souvent. Elle attend toujours que sa proie soit fatiguée, malade, ou dans une période délicate de sa vie pour passer à l'offensive. C'est ce qu'elle a fait avec moi, avec mes fils, avec mon mari, et avec d'autres personnes qui ont pu être proches. Quand elle montre son vrai visage, il est hideux, menaçant, agressif.

Je ne me souvenais pas. Ma mémoire avait bloqué certains souvenirs, ceux de ses gifles, ceux des fois où elle racontait à l'autre monstre des choses intimes que je lui avais confiées, dont il profitait pour me torturer. J'avais oublié son visage quand, au lieu de chercher à comprendre pourquoi j'allais mal, je tentais (adolescente) de me suicider, ou quand

120

je sortais de l'hôpital psychiatrique (toujours adolescente), qu'elle me regardait avec ce regard mauvais, estimait que j'étais un problème. Je ne me souviens pas qu'elle ait cherché réellement à comprendre pourquoi son enfant était en souffrance. Je me souviens par contre de ses insultes, de ses multiples menaces. Je me souviens de ses bras croisés quand son mari me tabassait après ma fugue. Je me souviens aussi que si elle était effectivement battue, elle se complaisait dans ce rôle de femme battue, et je ne compte pas le nombre de fois où elle a provoqué des disputes avec D, tout en sachant que ça finirait par des insultes et des coups. J'avais oublié, parce que, tout simplement, je ne voulais pas croire que c'était « ça », ma *mère*. Je pourrais raconter toutes les fois où elle m'a humiliée, menti, m'a fait croire qu'elle était de mon côté pour faire entendre raison à mes *frères*. Mais il faudrait au moins un chapitre. Je crois que ce qu'elle a fait de pire, en dehors du fait de protéger un pédocriminel, est de tenter de monter mes propres fils contre moi, puis mon mari. Avoir massacré mon enfance ne lui suffisait pas, elle aurait voulu massacrer ma vie d'aujourd'hui, ce que j'ai si difficilement réussi à construire, sans son aide.

Le 6 avril 2018, alors que j'étais harcelée depuis plusieurs jours par cette génitrice et son dernier mari, j'ai été à un doigt de me suicider. La seule chose qui m'en a empêchée est que ma fille était à l'étage. J'avais besoin de hurler, tellement le harcèlement que je subissais, la manière infâme dont ces deux vieux fous me traitaient étaient devenus insupportables. Alors j'ai posté une vidéo sur *Facebook* pour appeler à l'aide, dénoncer, réagir. Je ne sais pas ce que j'attendais, mais faire passer ce message m'a sauvé la vie.

J'ai mis des mois à accepter l'idée que ma génitrice ne m'a jamais aimée, ne m'a jamais protégée, et pire qu'elle a réellement cherché à me nuire.

Aujourd'hui, si les idées de suicide se sont atténuées, elles n'ont pas réellement disparu. Je ressens régulièrement un vide immense, suivi d'une douleur qui s'amplifie peu à peu jusqu'à me donner l'impression que mon cœur va s'arrêter. Dans ces moments-là, j'ai envie de mourir pour que la douleur s'arrête. D'autres fois, souvent, je regarde autour de moi sans parvenir à me sentir à ma place, sans comprendre pourquoi je suis là, en vie. Parce que j'ai l'impression d'être venue au monde il y a quelques mois dans le corps d'une femme de 46 ans. Je suis une coquille vide.

Parce que j'ai été dressée par des monstres, j'ai le sentiment de ne rien savoir de la vie, d'être passée à côté de ma vie. Parce que j'ai été dressée par des monstres, et que ces monstres ne font plus partie de mon quotidien, je dois réparer ma vie.

Je cherche à comprendre qui je suis, ce que je vaux, tentant de me prouver que je suis digne d'exister, digne de l'amour de mes enfants, mon mari, mes amis. Mais il ne se passe pas une journée sans que j'aie envie de disparaître, parce que je me sens monstrueuse, jusque dans mes cellules, jusque dans mon âme. Je me sens différente de la norme, mais alors qu'à une époque j'acceptais d'être différente, depuis que j'ai découvert que je suis sortie d'un ventre monstrueux, j'ai peur d'avoir des gènes monstrueux, j'ai peur de faire du mal, je doute de moi.

Mes fils sont adultes, ils vivent chacun de leur côté. Mon mari est absent toute la journée pour son travail. Alors je m'accroche à ma fille. Mais j'ai peur de l'étouffer comme ma génitrice m'a étouffée. J'ai peur de ne pas être capable de lui apporter les choses dont elle a besoin pour grandir. J'ai peur. Toujours.

Si on me demandait de dessiner ou sculpter le portrait de ma génitrice, ce serait une sphère en métal noir, avec un trou, et des pattes longues, fines et pointues, comme une araignée ou un crabe. Ma génitrice ressemble à une maladie, un virus. J'aimerais être certaine que je ne l'ai plus ce virus, que je ne suis pas atteinte de cette maladie qui rend difforme, sans âme, sans conscience, sans cœur. Ma génitrice n'a plus de visage. Depuis quelques semaines, j'ai oublié le visage de cette créature, et les visages de mes demi-frères également.

Je n'ai plus de racines, mais j'ai des branches. Je vis, respire et me nourris grâce à mes branches, mais cette vie est instable. J'ai besoin de retrouver des racines.

Le fait d'avoir pu enfin parler avec mon père m'a aidée, si je n'ai pas été élevée par lui, je sais que ce n'est pas parce qu'il ne voulait pas de moi. Il a commis des erreurs d'appréciations concernant le fait de ne pas se battre pour me voir quand j'étais enfant. Il a cru, parce que c'est ce que ma génitrice lui disait, que c'était mieux pour mon équilibre qu'il me laisse vivre tranquille dans mon nouveau « foyer ». Mais je sais que s'il ne m'a pas désirée, il m'a quand même aimée. Je sais aussi que je suis la fille de mon père, c'est à lui que je ressemble.

Mais je n'arrive toujours pas à tisser des liens dignes de ce nom avec lui, parce que je ne me sens toujours pas assez digne de lui, de son intelligence, de son talent, de son charisme.

Alors j'ère dans un état de mélancolie, avec toujours ce sentiment : les monstres m'ont volé une vie.

La vie de mes proches.

Comment ne pas souffrir lorsqu'on est le conjoint ou l'enfant d'une personne comme moi ? C'est impossible. J'ai voulu protéger mes enfants, j'avais peur qu'ils soient confrontés à des horreurs qui les traumatiseraient. Certaines fois, j'ai pensé que je ne méritais pas d'être mère, que je n'étais qu'un problème pour mes enfants, et que, toute ma vie, je représenterai un poids pour eux. C'est l'une des raisons qui m'a poussée au suicide en 2003 : libérer mes enfants du mal que je traînais en moi et qui me rendait instable, faisait de moi une boule de douleur, un amas de nerfs en souffrance.

Il est difficile d'entretenir des relations apaisées avec les autres quand tout en soi est tumulte, doute, terreur, colère et désamour.

Je ne m'aime pas. J'ai eu parfois l'impression de me supporter un peu plus, mais je n'ai jamais réussi à m'aimer. Mais comment aimer une personne qu'on ne connaît pas ? Je n'ai jamais su qui j'étais vraiment, de quoi je suis vraiment capable, quelles sont mes qualités et défauts. Je me suis imaginée être une personne plus littéraire que scientifique, parce que toute ma jeunesse j'ai lu. La lecture est ce qui m'a permis de rester en vie, d'apprendre le monde, de m'évader de mon enfer, de savoir que des gens qui avaient vécu des atrocités avaient réussi à survivre, notamment avec le livre *Racines* sur l'esclavage, ou encore en lisant des ouvrages sur les rescapés des camps de la mort. Je m'identifiais à ces personnes qui avaient été traitées comme des bêtes et qui avaient dû réapprendre à vivre en êtres humains. Parce que concrètement, c'est comme ça que je me sentais : traitée dans le déni de mon humanité. A douze ans j'avais compris que ce que je vivais n'avait rien de normal, que la douleur qu'on m'infligeait était de la torture (alors qu'avant je pensais être punie de quelque-chose de mal que j'aurais fait, mais sans jamais savoir ce que j'aurais fait de mal…). J'ai compris que je vivais dans une situation où j'étais prise en otage par un monstre qui menaçait depuis mes quatre ans et demi de tuer ma mère, le bébé qu'elle portait, puis qui a passé des années à me répéter que si je parlais, si je me rebellais, si je cherchais du secours : il les tuerait. Ce sont les livres qui m'ont permis de comprendre les notions de chantage, de sexualité, de torture, de respect, de dignité… Donc naturellement, je me suis toujours pensée littéraire. Aujourd'hui, je me rends compte que je suis fascinée par certaines sciences comme la physique, la géologie ou encore la biologie. Je me rends compte que j'ai des facilités à apprendre des concepts scientifiques, à les assimiler, à les projeter dans le monde qui m'entoure. Donc, voilà un exemple du fait que je ne sais pas qui je suis, ou plutôt qui j'aurais dû être. Ce que je sais, c'est que je n'aime pas cette personne qui s'est pliée au chantage, qui s'est laissée manipuler pendant plus de vingt-huit ans par une génitrice dont je savais qu'elle était capable de choses vraiment pas normales et parfois condamnables. Je n'aime pas cette personne qui a tellement la trouille de se faire moquer qu'elle n'a jamais osé passer un permis de conduire. Pourtant, j'ai connu des réussites dans ma vie professionnelle, j'ai même obtenu un diplôme en 2006, et j'ai récemment réussi une formation pour laquelle j'ai obtenu ma certification de Praticienne en Naturopathie. Mais quand je mets sur la balance mes réussites et mes échecs ou mes renoncements, je constate que je ne suis pas celle que je voudrais être. Et je n'aime pas cette personne.

Donc, j'offre à mes proches d'aimer une personne que je n'aime pas moi-même. J'ai besoin de leur amour, de leur soutien, mais je me trouve minable et égoïste de n'être pas plus digne de leur amour.

J'ai été une mère défaillante avec mes fils, parce que j'étais tellement désorientée que je n'ai pas été à la hauteur quand ils allaient mal. Aujourd'hui, ils ne me reprochent rien, je peux même dire que nous sommes proches, nous entretenons des rapports que je vois peu dans les autres familles. Mais je sais, au fond de moi, que j'aurais pu, j'aurais dû faire mieux avec eux.

Ma fille est beaucoup plus jeune, et, déjà, elle est confrontée à des choses difficiles à cause de mon état : elle m'a vue plusieurs fois en pleine crise de dissociation, ou après une crise, couverte d'hématomes ou immobilisée à cause de blessures importantes comme lorsque je suis tombée fin janvier 2018 du haut de l'escalier en pleine crise de dissociation. Voir sa mère ne pas pouvoir se lever seule, la jambe et le bras immobilisés durant des semaines, est-ce que ça suffit de dire « maman a eu un accident » ? Elle devine qu'il se passe des choses anormales.

Mon mari a dû assumer beaucoup de choses en plus de ses journées de travail à cause de mon état. Il a donc lui-même traversé une période de dépression. Pourtant, il a tenu bon, par amour. Je suis honteuse d'être devenue un poids, une charge. Je fais de mon mieux pour retrouver les apparences d'une vie normale, mais c'est tellement épuisant que finalement je tourne en rond pour un résultat loin d'être satisfaisant, je n'arrive pas à être une personne normale.

Je suis toujours dans la réaction, donc je dis parfois trop facilement ce que je pense ou ressens, ce qui n'est pas forcément bienvenu pour mes enfants ou mon mari. Alors ils me connaissent, ils savent que si je dis quelque-chose de désagréable ce n'est pas pour être méchante mais plutôt pour leur permettre de se rendre compte qu'ils n'agissent pas au mieux pour eux, dans leur intérêt à eux. Mais comme je suis excessive, mes mots sont parfois durs, et je m'en rends compte après. En vieillissant, j'ai de plus en plus de mal à contrôler cette parole spontanée, sincère. On m'a trop fait mentir, aujourd'hui, je ne suis capable que de dire les choses vraies.

La vie des mes enfants et de mon mari a fatalement été affectée par mes relations avec ma génitrice, mes demi-frères, et le résultat est qu'aujourd'hui, toute une partie de leur famille a disparu. Ils ont souffert du comportement de ma génitrice qui a été odieuse avec eux. Mon fils cadet m'a suggéré de dire à ma fille que ma génitrice est morte. Je n'ai pas pu faire ce choix. J'ai préféré la vérité. Alors avec des mots simples, je lui ai expliqué que si sa grand-mère ne l'appelle pas, si elle ne lui envoie pas une carte postale à son anniversaire, c'est parce que c'est une femme méchante qui ne nous aime pas mais qui a fait semblant. J'ai dû expliquer à ma fille que je n'ai pas eu une maman normale, et qu'elle n'est pas non plus une grand-mère normale. Ma fille a donc souhaité retirer les photos de ma génitrice qui étaient dans sa chambre. Elle me pose des questions parfois, et je lui promets que je lui expliquerai quand elle sera grande.

Ma fille a la chance d'avoir une autre grand-mère. Des oncles, des tantes, un cousin, des cousines. Depuis décembre 2017, ma fille sait qu'elle a un grand-père, elle a pu passer du temps avec lui. Elle s'est même trouvé des points communs avec lui. Elle a une famille, elle le sait.

Mes fils n'ont pas eu cette chance, depuis 2007, leurs grands-parents paternels ne les ont plus considérés comme leurs petits-enfants parce qu'ils vivaient à temps plein avec moi, leur père ayant décidé de ne plus les voir du tout. Leur père a disparu durant deux ans, c'est quand j'ai entamé une procédure contre lui pour faire établir qu'il n'y avait plus de garde alternée, et que j'ai demandé une pension alimentaire qu'il est réapparu. Il allait très mal. Sa vie était instable, compliquée. Il était en hôpital psychiatrique quand nous avons réussi à reprendre le contact avec lui. Mais les liens étaient abimés, malgré tout l'amour existant.

Le père de mes fils est mort en juin 2015, à quarante-sept ans. Ses parents sont décédés l'année suivante.

Il existe des familles où tout va bien, même s'il y a toujours plus ou moins des raisons de frictions, des déceptions, ou même des petits secrets.

Ma famille est au cœur de drames, d'abandons, de douleurs. Mes enfants comme mon mari ont beaucoup de mérite d'être aussi forts, parce que, clairement, ils n'ont pas été aidés. Ils ne sont pas aidés. Mais comment pourraient-ils l'être, comment dire ce qu'ils ont vécu, vu, entendu, subi. Comment expliquer qui je suis et pourquoi ?

Voilà l'un des ravages de l'inceste, dont personne ne parle vraiment : il n'y a pas que moi qui a été détruite par ma famille inces-tueuse : mes enfants, mon mari, ont eux aussi eu à subir les attaques, les déceptions, les mensonges, les abandons de celle et ceux qu'ils prenaient pour une famille et qui se sont avérés n'être que des lâches égocentriques au mieux, des menteurs pervers au pire. Mes enfants et mon mari doivent souffrir de me voir en souffrance physiquement autant que psychologiquement.

C'est nous, mes enfants, mon mari et moi qui souffrons, dont la vie a été abimée, qui devrions nous taire, avoir honte ? C'est nous qui portons le poids du crime qui a été commis sur moi. Cette famille inces-tueuse qui a protégé un pédocriminel, elle, se porte bien. Ils sont unis dans le mensonge. Je suis persuadée que mes demi-frères n'ont absolument pas conscience d'être, comme je l'ai été, les marionnettes de leur mère. Mais ce n'est plus mon problème. Ce dont je suis certaine, c'est qu'ils ont aussi cherché à me faire taire. Ils ont osé prétendre que ce que j'ai vécu n'est pas si grave, que j'exagère. Comme leur mère, ils ont fait le choix de minimiser afin de protéger un pédocriminel, ce qui leur a permis de ne pas avoir à « salir » leur nom… Je sais qu'ils ont pardonné le crime de leur père. Ils en sont donc devenus complices, comme leur mère. Ils ont nié ma douleur, ils ont protégé un criminel, ils sont complices.

Mes enfants et mon mari n'auraient jamais dû subir la pression de cette famille, son dédain, ses mensonges, pour finalement être oubliés comme s'ils n'avaient jamais existé. L'inceste est ce drame malsain, qui salit tout, qui blesse tant de personnes, et qui pourtant n'est que très rarement dénoncé, exceptionnellement jugé, et rarement condamné. Des décennies de douleur, de séquelles que la victime va, sans le vouloir, faire porter aussi à ses proches. Insupportable.

Et si par malheur on tarde à avoir la force, les ressources nécessaires pour porter plainte : la loi dit que l'on n'a plus le droit de demander justice. Comme si un tel crime, de telles atrocités pouvaient relever de la prescription…

Une vie sociale ?

Toute ma vie, j'ai cherché à avoir une vie normale, mais comme je ne suis pas normale, comme ma vie n'a rien d'ordinaire, j'ai été contrainte de faire des efforts épuisants pour paraître normale, c'est-à-dire passe-partout. Qu'est-ce que la normalité sinon la loi du nombre ? Je ne fais pas partie de cette majorité de personnes qui n'ont pas été meurtries dans leur chair, leur intimité. Je ne fais pas partie de ces personnes qui ont reçu une véritable éducation, qui ont eu une famille unie, qui ont eu une scolarité normale, la possibilité de faire des choix.

J'ai dû travailler dans l'urgence, pour me nourrir, payer un loyer. Quand j'étais jeune, travailler était une obligation, parce que je n'avais rien et ne pouvais compter sur personne, et si je ne travaillais pas, il n'y avait que la rue pour me tendre les bras.

Donc je n'ai pas choisi, et plutôt que d'appendre un métier, ou de pouvoir reprendre des études, j'ai enchaîné les boulots parfois sans être déclarée, parce que je n'avais pas le choix. J'ai réussi à gagner ma vie correctement lorsque je vivais à Paris, en travaillant dans un commerce spécialisé en photographie. Ma vie alors se résumait à avoir l'air bien. Je travaillais, je rentrais chez moi, je me douchais, je sortais avec des amis. Je mentais à ma *famille* sur quasiment tout. Je mentais à mes amis au sujet de cette *famille*. Tout était cloisonné. Comment créer de vrais liens quand on cache un secret aussi épouvantable que le mien ? Je n'avais aucun lien solide en réalité. Mon meilleur ami savait beaucoup de choses mais je n'ai jamais réussi à tout lui dire, la honte, la peur de le dégoûter. Je ne savais pas alors que ce que m'avait enseigné ma génitrice n'était qu'un ramassis de conneries, je ne savais pas que les gens pouvaient s'intéresser à moi pour ce que je suis, pas pour ce que je semblais être. Quand on a été élevée par une femme qui ne vit que pour les apparences, on ne sait pas qu'il existe autre chose…

Alors j'avais l'air. Mes collègues me prenaient pour une superwoman ; mes amis me trouvaient drôle, forte et tellement attentionnée.

Je me rends compte que je n'ai jamais eu de mal à tout laisser derrière moi, à tous les laisser, parce que je n'avais pas de liens solides, avec personne.

Et c'est comme ça que s'est déroulée la quasi-totalité de ma vie : avoir l'air, jusqu'à ce que je n'y arrive plus, craquer, repartir à zéro. Dans ma vie professionnelle comme dans ma vie affective, je n'ai jamais su faire dans la durée.

Aujourd'hui, je ne suis plus capable d'avoir l'air. Je ne suis plus capable de faire des efforts, je crois que je suis arrivée au point où je n'ai plus aucune énergie pour ça. Donc je ne suis plus en mesure d'avoir une vie professionnelle où il est indispensable d'avoir l'air normale. Je ne peux pas me promener dans la rue sans me sentir agressée par les gens, les regards, les attitudes, tout est insupportable. Le peu de fois où je vais avec mon mari dans les magasins pour ma fille, je suis épuisée au bout d'une heure, comme si je faisais un marathon, je dois contenir l'anxiété, j'ai du mal à respirer, mal à la tête, la lumière m'agresse et je finis par avoir mal partout. J'essaie, pour ma fille, de prendre sur moi. C'est épuisant.

Je ne peux plus prétendre à un emploi où il y aurait un quelconque contact humain. Je ne peux même plus envisager de sortir de chez moi sans me préparer

132

psychologiquement à l'avance. J'ai du mal à voir des amis, j'ai toujours peur que soit présent quelqu'un que je ne connais pas, ou quelqu'un avec qui le courant passe mal : j'ai peur de déraper, de ne pas savoir me taire si par malheur quelqu'un faisait une réflexion ou une plaisanterie qui ne passe pas. J'en ai marre d'être la « pas normale », d'être celle qui dit des choses qui dérangent. Mais je n'arrive pas à être autrement, je n'ai plus envie d'être autrement.

Depuis deux ans j'ai également peur de faire une crise de dissociation devant tout le monde, de passer pour une folle ou de susciter la pitié. C'est arrivé plusieurs fois déjà, alors ça me hante, et ça me pousse à rester chez moi et à éviter les contacts.

Je porte un regard très critique sur la société dans laquelle je suis contrainte d'évoluer. Une société qui m'a mise à l'écart dès l'enfance, qui m'a stigmatisée. Une société qui rit des victimes de viol, qui refuse d'évoluer et de protéger les enfants, qui montre les survivant-e-s d'inceste du doigt en les accusant de mentir ou d'exagérer. Oui, c'est bien la société qui est comme ça, c'est pour cette raison que la loi n'évolue pas dans le bon sens : parce que tout est minimisé, et donc les victimes d'inceste ou de pédocrimes n'ont qu'à bien se tenir, c'est-à-dire à se taire.

En réalité, si j'ai eu autant de mal à m'intégrer, c'est parce que pour le faire, j'étais obligée de mentir. La société autant que ma *famille* me forçaient à mentir, parce que si j'avais parlé, c'est moi qui aurais été traînée dans la boue. Comme je le suis depuis que j'ai décidé de ne plus rien taire.

Donc, avoir une vie sociale, c'est risquer de me mettre en danger, devoir choisir entre mentir, cacher ce que je suis pour m'intégrer comme une personne normale, ou dire ce que je suis pour ne pas avoir à me forcer à être une autre et risquer d'être regardée avec méfiance (« elle ment ou elle exagère »), mépris (« elle aurait dû parler »), dégoût (ce qu'on m'a fait est sale, honteux), ou pitié (les gens imaginent que seul-e-s les faibles sont victimes de pédocriminalité).

Ma vie sociale est donc limitée, je sais qui sont mes amis, je ne cherche pas à créer de nouveaux liens, j'ai trop souvent été déçue, trahie, blessée. Je fais le choix de ne plus faire d'effort, c'est un peu « qui m'aime me suive », mais je ne veux plus avoir à faire d'effort.

Evidemment, pour ma fille et mon mari, ce handicap est difficile à vivre, parce qu'ils font les frais de cet isolement contraint. En effet, contraint, parce que je ne l'ai pas choisi, il s'impose à moi, par la force des choses, comme un moyen de survie.

La violence.

Elle est partout, de plus en plus banalisée, et je n'ai plus la force de la supporter.

C'est une chose que je connais depuis mes quatre ans, on pourrait croire que j'y suis habituée. Mais on ne peut pas s'habituer à la violence. Ou alors, il faut avoir une conscience proche du néant.

Toute ma vie, j'ai lutté contre les pulsions violentes qui m'animaient. J'ai eu des envies de meurtre, de suicide. J'ai parfois eu des réactions violentes, par exemple quand on me draguait, j'étais capable de violence verbale et parfois physique. Quand un proche me blessait par ses paroles, je pétais les plombs et j'aurais été capable de frapper : un jour, j'ai lancé une chaise sur mon demi-frère, il avait abusé de mon hospitalité, il insultait mon mari, il était infect. Ma réaction a été démesurée, la chaise est passé à quelques centimètres de sa tête. Avant ça, j'avais frappé mon compagnon, j'avais vingt ans, on se disputait, et toute mon enfance j'avais assisté à des bagarres entre ma génitrice et son mari, pour moi, c'était un comportement *normal*.

Quand ma génitrice m'a arraché le cœur en m'humiliant et en m'insultant, après qu'elle ait fait en sorte que ses fils considèrent que je suis le génie du mal, j'ai eu envie d'étrangler cette femme. Je l'aurais tuée si elle avait été devant moi, de douleur, j'aurais mis un terme à ses agissements nauséabonds en la faisant taire à tout jamais. Quand je pense à elle, j'éprouve du dégoût, de la colère, et je sens une violence inouïe inonder mes nerfs.

Pourtant, j'ai peur de la violence, je souffre de la violence, et finalement, la violence me dégoûte. Je l'ai trop vécue.

Mais nous vivons dans une société, une époque où la violence est banalisée, en perpétuelle surenchère. Elle s'immisce partout, dans des comportements quotidiens que plus personne ne relève, elle réduit l'humanisme à une tare et la souffrance à une fatalité. Les insultes sont monnaie courante sur les réseaux sociaux qui sont de véritables défouloirs.

Comment échapper à la violence ? Je n'ai pas trouvé d'autre moyen que de vivre à l'écart du tumulte de la ville, mais même au cœur de mon village perdu, j'entends mes voisins de quatre-vingt-dix et quatre-vingt-onze ans se disputer et crier tous les jours. Pour d'autres ce serait banal, pour moi c'est une agression qui me ramène à une époque où je devais assister à des disputes interminables qui se finissaient inlassablement par des coups sur le visage de ma *mère* avant que son mari ne se tourne vers moi pour un nouveau viol.

Quand on dénonce des violences aujourd'hui, on n'est pas pris au sérieux. Pour l'être, il faut être mort. Ce qui est étrange, c'est que des mouvements comme #MeToo ont entraîné une vague de dénonciations, qui a mené à une nouvelle loi contre les violences sexuelles et sexistes. Mais pour lutter contre la violence, on ne devrait pas lui coller d'étiquette en fonction du sexe des victimes. Une agression, sexuelle ou pas, est une agression. Toute forme de violence devrait faire l'objet de poursuites, d'actes de prévention. La loi qui permet de dénoncer les « dragueurs relou » me laisse perplexe, ça ressemble à un écran de fumée pour cacher le vide qui existe en matière de lutte contre la pédocriminalité,

136

contre le viol en général. Ainsi, on pourrait porter plainte contre un individu qui nous siffle ou nous interpelle grossièrement avec insistance : ça, c'est considéré comme une agression. En parallèle, la même loi ne prévoit rien de spécifique pour lutter contre l'inceste. J'y vois là une violence institutionnelle contre les survivant-e-s d'inceste que la justice continue d'ignorer.

Quand j'ai porté plainte à la suite de la tentative d'enlèvement que j'ai subie en juillet 2014, il n'y a pas eu de suite sérieuse, parce que je n'étais pas une « bonne » victime : j'étais une militante, donc de nombreuses personnes ont dit que j'avais cherché ce qui m'est arrivé « quand on milite, faut s'attendre à prendre des coups » …

Quand je me suis exprimée sur les violences que j'ai subies dans mon enfance, ou le harcèlement moral que m'a fait subir ma génitrice en avril 2018, il y a eu des personnes pour dire que je n'étais qu'une pleurnicheuse, que « c'est bon, vous pouvez pas essayer d'avancer au lieu de vous plaindre » … S'exprimer et dénoncer la violence, ce serait fatalement se plaindre.

Je pourrais citer une multitude de violences, de banalisation, de mépris.

Comment fait-on, dans une telle société, pour faire évoluer les mentalités, pour qu'une loi digne de ce nom protège les enfants, défende les victimes et condamne des criminels ?

Je ne sais plus. Je n'ai plus d'idée. Je suppose d'ailleurs que ce livre passera encore pour une tentative de victimisation, pour une pleurnicherie ou le passe-temps d'une pauvre malade.

Ce que je sais, c'est que j'ai reçu des centaines de témoignages de personnes au parcours similaire au mien. A chaque fois, le même constat : quand nous parlons, nous devenons l'objet d'une haine qui pousse notre famille à des violences verbales ou physiques, des attaques difficiles à concevoir, qui finissent de démolir une personne qui a survécu au pire.

Mais comment s'attendre à mieux dans une société où un compte Twitter géré par le cabinet d'une secrétaire d'Etat insulte publiquement des survivant-e-s et des militant-e-s en les accusant de militer pour les agresseurs plutôt que pour les victimes. J'en ai personnellement fait les frais. Le compte *Twitter @Avec_Marlène* m'a accusée de ne pas être du côté des victimes, donc d'encourager les agresseurs. Si encore ce compte n'était que celui de fans de la secrétaire d'Etat, un compte d'illuminé aux intentions hasardeuses... J'aurais eu moins de mal à supporter l'injure. Mais quel choc en découvrant que ce compte était en réalité géré par *Mathieu Pontécaille* : conseiller spécial de *Mme Schiappa* (stratégie de communication...). J'ai réalisé que *Mme Schiappa* savait forcément comment nous, militant-e-s, souvent anciennes victimes, étions montré-e-s du doigt comme si nous étions des hystériques incapables de comprendre un texte de loi (alors même qu'il y a des avocats ou anciens juges parmi nous). On nous accusait de colporter des « fake news » alors même que nous étions les principaux concernés, nous étions confrontés à des situations insupportables, recueillions des témoignages toujours plus douloureux. Et les personnes qui prétendaient faire la loi méprisaient notre parole, notre travail, nos inquiétudes et surtout notre réalité.

Après ça, j'avoue avoir perdu tout espoir de voir le gouvernement et même un gouvernement quelconque mettre en œuvre une véritable lutte contre la pédocriminalité, contre les violences faites aux enfants, contre la récidive. La violence « ordinaire » existe parce que l'Etat pratique la violence institutionnelle sans aucun scrupule. La société laisse se perpétrer des violences insoutenables parce que la plupart des gens pense que les personnes comme moi en rajoutent pour se faire plaindre ou ne s'émeut que si un enfant décède pendant son agression… Ne s'émeut généralement pas trop longtemps : il suffit de zapper et tomber sur une pub pour un parfum ou un match de foot pour oublier l'abject. Une société qui vit dans la réaction émotionnelle immédiate, et préfère passer à autre chose au plus vite, surtout quand c'est trop triste, douloureux, ou que ça fait appel à ce que nous avons de plus intime : la conscience.

Finalement, j'en arrive à me poser la question suivante : à qui profite la violence ?

Finalement, quel avenir ?

Après avoir lu des centaines de témoignages de survivant-e-s d'inceste, j'en suis arrivée au constat qu'on ne s'en remet jamais. On peut donner le sentiment d'aller bien, parce qu'on a développé des techniques pour passer partout, parce qu'on est habitué à être tel que les autres ont besoin qu'on soit, ou parce que, par fierté, on refuse d'être regardé comme une personne en souffrance.

Mais j'ai discuté avec des femmes et des hommes jusqu'à soixante-treize ans, des personnes qui ont vécu des choses similaires à mon parcours. Ces personnes font état d'une profonde solitude, d'un mal-être qui ne les a jamais abandonnés (contrairement à leur famille), et de souvenirs jamais estompés.

J'ai donc accepté l'idée que, comme ces personnes, je vais continuer de vivre avec mon inceste. Je vais continuer de cauchemarder, d'avoir des souvenirs envahissants, des sensations de vide, de solitude, de tristesse.

Ça ne signifie pas que j'ai décidé de me résigner, au contraire, je fais en sorte de trouver de quoi placer mon esprit dans des projets, des activités, des découvertes pour m'éloigner de moi, ou plutôt de cette enfant que j'ai été, de cette femme otage d'une génitrice malveillante que j'ai été toute une vie. D'ailleurs, j'ai le sentiment que je suis libérée, comme si je sortais enfin de prison, comme si on avait enfin levé le voile pour que je vois la lumière. Mais je veux être lucide pour ne plus jamais être prise au dépourvu, je veux me préparer aux prochaines étapes de la croissance de ma fille dont je sais qu'elles me ramèneront fatalement en arrière, comme ce fut le cas en 2015.

Ma santé est fragile, pas seulement psychologiquement. Mon corps est cassé, continuellement en souffrance, je porte des séquelles qui s'aggravent avec le temps. Le stress, la fatigue sont des éléments aggravants. Actuellement, j'ai le choix entre prendre une grosse quantité de médicaments pour être soulagée et être à moitié endormie ou ne pas prendre mes médicaments et avoir des difficultés à utiliser mes mains, à marcher et donc à avoir mal continuellement.

Mais mon avenir personnel ne me préoccupe finalement pas tant que ça. Je suis inquiète pour ma fille, j'ai peur de ne pas avoir la possibilité physique et psychologique de répondre à ses besoins. Et le monde dans lequel elle va devoir grandir me préoccupe, j'ai toujours peur de l'inconnu et de ce qu'il peut lui arriver. J'ai perdu confiance en beaucoup de choses, notamment dans la capacité autant que la volonté de la société à protéger les enfants.

Mon avenir, je vais donc tenter de le consacrer à mes enfants, les plus grands comme la plus jeune.

Voilà plusieurs années que je tente d'apporter ma contribution à une meilleure protection de l'enfance, à une reconnaissance du crime spécifique d'inceste, à ce qu'une loi digne de ce nom voit le jour pour les victimes mineures d'agressions sexuelles, pour les survivant-e-s de l'inceste, pour que cette maudite prescription des crimes sexuels sur mineurs ne soit plus qu'un mauvais souvenir de cette époque où il n'existait pas suffisamment de connaissance et d'informations sur le sujet. Je sens que je ne pourrais plus faire beaucoup plus, et ce livre sera sans doute un ultime appel aux consciences, un autre témoignage à apporter à tous ceux qui existent déjà.

Pourquoi l'imprescriptibilité ?

J'ai naïvement imaginé qu'une pétition pourrait participer à sensibiliser l'opinion publique, et donc à faire prendre conscience de l'ampleur de la catastrophe que représentent les crimes sexuels sur enfants.

J'ai d'abord été confrontée au désintérêt total. Parmi mes contacts sur les réseaux sociaux, se disant pourtant concernés par les Droits de l'Homme, très peu ont cru bon de diffuser ma pétition. Parce que « c'est chiant », « c'est vraiment pas gai », « oui mais c'est ton histoire, moi j'en sais rien », « c'est la honte de partager ça, mes amis vont croire que j'ai été sodomisé quand j'étais gamin » … J'avoue, j'ai perdu quelques contacts, ou plutôt je m'en suis débarrassée tellement je ressentais de dégoût et de déception.

Ensuite, parce qu'il y a eu le scandale des prêtres pédophiles avec *l'affaire Barbarin*, la pétition a commencé à susciter de l'intérêt parce qu'on se rendait compte de l'absurdité autant que de l'injustice de la prescription devant des pédocriminels qui avaient récidivé un nombre incalculable de fois. J'ai commencé à prendre confiance… J'ai eu quelques appels de journalistes qui se sont mis à vouloir parler du sujet. Mais n'étant pas victime d'un prêtre, et les médias se concentrant sur les affaires de « pédophilie à l'Eglise », je n'ai jamais pu donner à grande échelle l'avis de personnes victimes comme moi d'inceste ou de viols par des gens n'appartenant à aucune institution.

S'en est suivie la campagne des élections présidentielles et ma pétition a fait partie des pétitions présentées aux candidats par le site qui héberge la pétition. Plusieurs candidats l'avaient signé, ils étaient sans hésitation pour l'imprescriptibilité. Aucun de ces signataires n'a été élu… Quand Monsieur Macron a été élu, j'ai su que l'imprescriptibilité ne verrait pas le jour durant son mandat, mais j'ai voulu continuer à mobiliser les gens.

Il y a eu le phénomène *#MeToo*… Une indignation comme un raz-de-marée, on m'a dit qu'il fallait croire que ce mouvement allait amener à une vraie et massive prise de conscience. Le gouvernement a promis de proposer une loi forte, qui serait une véritable révolution dans la lutte contre les violences sexuelles. Oui, mais… Si le gouvernement a souhaité contenter les victimes (en majorité des femmes) adultes qui s'étaient mobilisées, la cause des enfants est restée méprisée. Ainsi, rien dans cette nouvelle loi ne permet de prétendre que de vraies mesures ont été prises pour lutter contre la pédocriminalité. L'imprescriptibilité qui avait été très bien argumentée par plusieurs député-e-s tant par l'aspect dévastateur sur les victimes qu'en prenant compte le phénomène d'amnésie traumatique a été balayée, rejetée, et le délai de prescription a donc été porté à trente ans au lieu de vingt.

Certains y voient une victoire, j'y vois une aumône.

D'abord, parce que les personnes restées figées sur l'idée que l'imprescriptibilité des crimes sexuels sur mineurs serait « difficilement justifiable » ont cherché à opposer les victimes du génocide perpétré par le régime nazi, les victimes d'attentats et les victimes de pédocriminels. Pourtant, c'est un faux argument, et on ne devrait jamais avoir à comparer des douleurs incommensurables pour les opposer entre elles à des fins politiques.

Ensuite, parce que l'acte de violer un enfant est l'un des plus barbare qui existe, c'est un crime dévastateur commis sur des êtres qui n'ont aucun moyen de se défendre, qui doivent survivre au pire dans la stupeur et l'incompréhension. L'inceste porte de plus cette caractéristique d'agressions à répétition, parfois durant plusieurs années (quatorze années pour moi, je le rappelle). Comment peut-on imaginer que, alors que les victimes d'inceste sont détruites, doivent survivre plutôt que vivre, dont la santé est souvent massacrée et qui souffrent très souvent comme c'est mon cas d'un état de stress post traumatique aux effets dévastateurs, comment imaginer que ce crime-là en particulier puissent être oublié ou pardonné par défaut de justice ? J'ai quarante-sept ans, très loin de pouvoir dire que je vais bien, de pouvoir dire qu'à mon âge je réunis toutes les conditions pour porter plainte. D'abord parce que j'ai été démolie psychologiquement et que je travaille à me reconstruire, sans aucune idée du temps qui me sera nécessaire pour réussir à réparer mes nerfs en charpie, me réparer. Ensuite, parce que je dois toujours prendre en considération les effets qu'une telle démarche aurait sur mes enfants qui ont besoin eux aussi de se reconstruire après des années de douleurs successives.

Surtout, celui qui a commis ces tortures sur mon corps d'enfant et m'a réduite à l'état de marionnette est mort. Le problème ne se pose plus pour moi. Pourtant, je ne peux m'empêcher de penser que cet homme n'a jamais mérité d'être simplement oublié. Il aurait dû être jugé et condamné sévèrement pour ses actes barbares, sadiques, conscients et répétés durant quatorze années.

Je ne peux donc m'empêcher de penser à tous ces individus, ces monstres qui vivent tranquilles parce que leurs victimes sont paralysées, par la peur, la pression familiale, l'amnésie traumatique, la dépression. Est-il juste que ces individus puissent se frotter les mains en se disant qu'ils ont bien réussi leur coup tandis que les victimes doivent survivre dans des conditions dont j'ai notamment parlé dans ce livre ? Est-il acceptable que ces criminels barbares aient droit à l'oubli pour respecter le Droit français ? Préserver le Droit français est-il donc plus important que de punir la barbarie subie par des millions de victimes ?

Je crois également que pour lutter efficacement contre la pédocriminalité, il faut arrêter de prendre des pincettes et poser des interdits clairs tout en lançant un signal fort à la société : il faut impérativement que les crimes sexuels sur mineurs - que je qualifie de tortures et d'actes de barbarie sur mineurs étant donné que l'aspect sexuel n'existe que chez le pédocriminel - il faut que ces actes soient rangés dans le lot des crimes contre l'humanité. Parce que c'est ainsi que devrait être considérée la torture d'un enfant, son innocence arrachée, l'indescriptible douleur qui lui est infligée, la négation de son humanité, sa réduction au rang d'esclave, d'objet : ce devrait être considéré comme un crime contre l'humanité. Et donc, en reconnaissant que ces actes sont des crimes contre l'humanité, en décidant de l'imprescriptibilité, un signal puissant serait envoyé à la société. Le regard sur les victimes pourrait enfin changer, et il est à parier qu'elles n'auraient plus à porter la honte seules et pourraient porter plainte plus facilement, plus tôt. Leur douleur serait reconnue, de même leur légitimité de réclamer que la justice condamne la personne qui les a torturées.

Je crois que la loi devrait dire ceci : « tout acte à caractère sexuel commis par un adulte sur un mineur de quinze ans, est strictement interdit, sera poursuivi et condamné sans prescription. En cas d'inceste et d'acte sexuel commis par une personne ayant autorité, cet âge est porté à dix-huit ans. »

C'est simple, c'est clair. Mais il paraît que c'est anticonstitutionnel… La constitution serait donc immuable, quand ça arrange bien.

J'espère donc qu'un jour, que je sais lointain, un chef d'Etat aura le courage de lutter contre la pédocriminalité avec le souci de protéger les enfants, de rendre justice aux victimes, et d'empêcher la récidive. La France est en retard sur ce sujet, car de nombreux Etats ont adopté l'imprescriptibilité des crimes sexuels sur mineurs sans que la société s'effondre. C'est donc tout à fait envisageable. Ce n'est qu'une question de volonté que jusqu'ici les gouvernements français n'ont pas eue.

L'inceste n'est pas un crime qui s'oublie, n'a rien d'un crime ordinaire ; il est bel et bien une torture permanente qui persiste malgré les décennies qui s'écoulent. Je ne comprends toujours pas comment quatre millions de victimes recensées en France peuvent être ignorées, alors que c'est à la fois un problème de société et de santé publique.

Jusqu'ici, je n'ai lu ni entendu aucun argument qui serait vraiment cohérent, juste, et objectif en faveur de la prescription. J'ai en revanche eu à entendre ou lire des personnes frileuses dont la seule préoccupation n'est pas de lutter contre la pédocriminalité ou de rendre justice aux victimes, mais de préserver le fameux Droit français ou encore d'accorder le pardon à des violeurs d'enfants qui auraient pu changer… En réalité, les pédocriminels ne changent pas ne regrettent pas à moins d'y avoir été contraints par la justice.

Il ne reste plus qu'à espérer, pour nos enfants, tous les enfants, qu'un jour la conscience collective poussera le gouvernement à ne plus fermer les yeux, à ne plus faire dans la demi-mesure, mais à agir fermement, dans l'intérêt des enfants.

Avec le temps...

Que peut-on espérer quand on vit comme moi avec un tel boulet ? Comment envisager l'avenir quand on en arrive à douter de tout, de quasiment tout le monde ? Comment trouver sa place dans la société quand on ne nous l'a jamais réellement offerte ?

Non, on ne m'a jamais offert une place dans cette société, et chaque fois que j'ai tenté de m'y insérer, j'ai dû faire face à plus de conscience de ma différence, de ma douleur, de ma terreur.

Il n'existe aucune entreprise dans laquelle je saurais me sentir à mon aise, en confiance. L'esprit de compétition, la jalousie, la démonstration, les apparences, l'opportunisme, le mépris : c'est ce que je retiens en faisant le point sur mon parcours professionnel. Je suis devenue incapable de revivre ça. Je ne crois pas redevenir capable de me trouver de nouveau dans une entreprise où l'on me demandera d'être humeur égale et positive chaque jour, où l'on exigera que je prenne sur moi pour faire des efforts avec les autres, où je devrais oublier ma fragilité physique autant que psychologique.

Je reste une personne fragile. Je crois que je vais mieux, depuis quelques semaines, depuis que j'ai compris que celle et ceux qui devraient avoir honte ont été respectivement ma génitrice et mes demi-frères. Je n'éprouve plus rien à leur égard si ce n'est du mépris. Sauf quand mon corps me rappelle que j'ai été torturée : là j'ai envie qu'ils aient mal, tous, qu'ils crèvent, qu'ils pourrissent. Dans ces moments-là, la violence s'empare de moi, et je dois être particulièrement vigilante parce que par défaut, c'est envers moi que je deviens violente, je disjoncte, je fais de nouvelles crises de dissociation durant lesquelles je n'ai aucun contrôle sur mes actes, mais je me suis blessée à plusieurs reprises, j'en garde d'amères séquelles qui s'ajoutent aux plus anciennes.

Pourtant, je veux vivre. J'ai décidé de rester isolée du monde, autant par nécessité que par choix : c'est mon moyen de ne plus me sentir agressée, en danger. Ma vie s'articule autour de mon mari, mes enfants, quelques amis et mes chats. J'écris, lis, griffonne, chante, médite. Les choses qui me font du bien : respirer l'air d'une forêt, regarder la lune, écouter de la musique, bouger. Des choses simples. Aider ma fille à ses devoirs, prendre un thé avec mon mari, discuter avec mes fils. Je prends soin de moi, je prends soin des miens.

Je continue de soutenir les actions militantes, en me gardant suffisamment à l'écart pour ne pas être de nouveau attaquée. J'évite les attaques, je crois que je saurais encore y répondre, mais je n'ai plus envie de perdre mon temps à répondre à des attaques, d'où qu'elles viennent.

Je veux être en paix.

Actuellement, je tente de réparer mon corps, et de limiter des douleurs physiques occasionnées par les traumatismes, la fatigue. Je répare mon âme, en regardant ma fille grandir en me répétant qu'elle est une chance, la chance de voir grandir une petite fille normale. Chaque jour je découvre son émerveillement. Quand je vais la voir avant de me coucher, que je la borde avant d'éteindre sa veilleuse, elle sourit dans son sommeil. Ma fille dort paisiblement d'un sommeil innocent que je n'ai jamais connu. J'ai réussi.

Je ne suis pas la meilleure femme qui soit, je ne suis pas une personne parfaite. Mais mon mari me prouve par son amour que je suis une épouse, je suis sa femme, son amour, et son soutien indéfectible prouve que je vaux mieux que tout ce que ma génitrice a pu vouloir faire de moi. Je ne suis pas une mère parfaite, mais je suis une Mère. Mes enfants sont trois personnalités hors du commun, et malgré toute la douleur que je traîne, ils grandissent (au propre comme au figuré). Je suis si fière de mes enfants, que je soutiens toujours envers et contre tout/tous. Ce sont mes enfants, mes merveilles, et j'aimerais qu'ils soient aussi fiers d'eux que je le suis. Je suis une mère parce que j'ai fait de mon mieux, parce que j'ai cherché à soutenir mes enfants, à les écouter, à les guider sans jamais rien leur imposer, à les consoler quand ils avaient mal. Mes enfants et moi avons des rapports de confiance. C'est ma réussite.

Dernièrement, j'ai eu le soutien de mes fils, de mon mari et d'un ami proche alors que j'allais de nouveau m'effondrer. J'ai reçu un courrier d'huissier exigeant que je paie la somme de 11500€ pour une dette de mon ex et défunt mari, Stéphane. Une dette qu'il aurait contractée durant notre mariage, bien que la dette soit à son nom, le fait que nous ayons été mariés nous rend co-responsables… Mais je n'en avais jamais entendu parler, un titre exécutoire aurait été déposé dans la boité aux lettres de Stéphane pendant le divorce, alors que j'avais déjà quitté le domicile à la suite de l'ordonnance de non-conciliation. Stéphane avait juré avoir remboursé toutes ses dettes. Visiblement, il restait une partie de la dette non remboursée, il avait cessé de payer en 2010, il est décédé en 2015. Ni mes fils ni moi n'en avions jamais entendu parler.

Imaginez l'effet de la lettre d'huissier qui en quelques secondes m'a ramenée plus de quinze années en arrière, dans cette période où je découvrais que je n'avais pas grand monde sur qui compter, une période où je devais porter la honte d'avoir un mari irresponsable. Une période où j'ai perdu ma grand-mère, mon meilleur ami. Une période surtout où j'ai vécu la déchirure d'avec mes enfants parce que tout le monde semblait trouver normal que puisque j'avais été une enfant maltraitée (et donc là, chacun en convenait !), je pouvais forcément devenir une mère maltraitante. Une épreuve qui a fini par une tentative de suicide. J'ai senti tout à coup la pression m'écraser, comme une interdiction d'avancer, comme si chaque fois que je sors la tête de l'eau, la vie me rappelle que je dois mourir.

J'aurais pu sombrer. Mes fils ont réagi les premiers. Soutien, recherche de solutions… Pourtant, cette situation les emporte eux-aussi à une époque où ils ont souffert du divorce douloureux de leurs parents, leur rappelant les plus mauvais souvenirs de leur enfance.

Mon mari s'est montré rassurant, et m'a rappelé que je ne suis pas seule. Et un ami proche a décortiqué tous les documents que j'ai reçus ainsi que quelques autres qui démontrent ma bonne foi afin de prendre conseil auprès de sa cousine avocate, il a ensuite rédigé un courrier en me disant « tu n'y penses pas, tu te détends, je m'en occupe ».

Quand on a la chance d'être entourée de cette manière, c'est qu'on n'est pas le monstre que l'on a voulu faire de nous. Cette nouvelle épreuve sera forcément difficile à traverser : je ne suis pas responsable de cette dette, j'en ignorais l'existence, et on a attendu presque 16 ans pour me signifier l'existence d'un titre exécutoire. Je ne peux m'empêcher de voir le côté sordide de la situation, d'autant plus que la somme qu'on me réclame n'est constituée que d'intérêts ! (Raison pour laquelle, sans doute, on a attendu aussi longtemps pour me demander de payer.). Mais je me sais entourée, en confiance, soutenue, et je ne peux que constater une fois de plus que j'ai réussi là où ma génitrice a échoué : j'ai une vraie famille, de vrais amis.

Je tente de ne garder à l'esprit que le côté positif des choses, ici, même si je suis littéralement agressée par un huissier de justice, je prends conscience de ce que j'ai réussi à construire : une famille.

Donc, ce qui reste à venir n'est rien d'autre que la vie, avec ses coups durs, mais aussi ses surprises et sa bienveillance.

Je veux rester dans une vision positive de l'avenir, en ayant conscience que je suis handicapée. Je vais souffrir encore. Peut-être que je glisserai encore, au prochain coup dur ou si par exemple cet huissier ose s'introduire chez moi pour saisir le peu que mon mari et moi possédons. Mais j'ai acquis la certitude que je me relèverai encore, même si c'est difficile, même si c'est long. Parce que j'ai une famille, des amis, je suis riche de quelque-chose que nul ne saurait m'enlever.

C'est le dernier message que j'aimerais faire passer : nous, survivant-e-s de l'inceste, nous porterons toujours les stigmates des tortures que l'on nous a infligées. Nous aurons toujours besoin de plus de temps que les autres pour trouver notre voie. Nous risquons en effet de souffrir, souvent, trop. Mais nous pouvons y arriver. Je n'oserais pas utiliser le mot « volonté », car en réalité c'est autre chose. Nous n'avons pas le choix, nous devons soit rester debout et avancer, soit nous laisser submerger par la douleur et mourir. Pourquoi devrions-nous mourir tandis que ceux qui ont voulu nous détruire vivent paisiblement ? Pourquoi devrions-nous finir le sale travail qu'ils ont commencé ?

Je sais que c'est une lutte, constante, cyclique. Il y a à peine un an, je devais affronter le véritable visage de ma génitrice, je vous jure que j'ai cru que je n'arriverai jamais à surmonter. Pas elle, pas cette volonté de me détruire, de me nuire, de m'ôter tout lien avec ceux que je croyais être des frères. J'ai connu une traversée du désert, pire, de l'enfer. Mais je suis là. Avec certes de nouvelles cicatrices, de nouvelles séquelles qui me contraignent à des consultations spécialisées, des soins, des traitements. Un jour, je l'espère, je n'aurais pas besoin de voir le médecin aussi souvent et je pourrais presque vivre comme une personne ordinaire.

Un jour, j'aurais fini d'oublier le visage de cette masse visqueuse et malveillante qui prétendait être ma « mère ».

En attendant, je continue d'avoir des projets, de rêver.

J'ai survécu à l'inceste, j'ai renié une famille inces-tueuse, j'ai surmonté la déchirure la plus douloureuse et la plus sordide qui puisse exister. J'ai construit du merveilleux, un château-fort, une île, une paix, là où tout n'était que chaos. Je vis derrière un bouclier, j'observe le moindre mouvement pour me préserver du danger. Mais je ne laisserai plus jamais quiconque m'atteindre, je ne laisserai jamais quiconque tenter d'atteindre mes enfants.

Ma famille inces-tueuse n'est qu'un amas de cendre et de sang séché qui va doucement disparaître sous l'effet du vent et de la pluie. Je n'étais pas des leurs. Je ne dois rien à cette famille-là. J'ai gagné le droit de faire mieux que survivre.

Maintenant, je suis en vie.

Table des matières

Achevé d'imprimer en mars 2019
Pour le compte de Z4 Editions

www.ingramcontent.com/pod-product-compliance
Lightning Source LLC
Chambersburg PA
CBHW031849090426
42741CB00005B/413